これだけは知っておきたい

建築工事の墨出しの実務

[改訂版]

内藤龍夫 著

鹿島出版会

まえがき

　建築工事の「墨出し」については，規格や仕様として定められたものがなく，伝統的に優れた技術が今日まで改良・改善を積み重ねられて受け継がれてきた。墨出しとは，着工より竣工にいたるすべての工事の基準となるもので，墨が不正確または不完全な場合には，精度の良い建物ができないばかりではなく，工事を円滑に進めることが難しい。しかし，各工事ごとに出された墨は，工事の進捗に伴って隠されてゆき，竣工の時点では完全に消されてしまう。このため，ややもすると作業がないがしろにされがちであるが，実際には大切な作業であることは言うまでもない。

　本書は1981年に初版を刊行以来，規格や仕様の変更に伴い，少しずつ内容の変更を行ってきた。しかし，最近の測量器具の急速な進展やGPS（汎地球測定システム）等の新しい測量システムが建築工事へ適用されるようになってきたため，今回これらの記述を加えて大幅に改訂を行った。今後とも本書をご活用いただければ幸いである。

　なお，本書の執筆にあたり，多くの方々の手による文献と資料を参照させていただいたことに対し感謝の意を表する。とりわけご指導をいただいた㈱鹿島の角田勝馬氏，野平修氏，ならびに資料を提供いただいた㈱トプコンの藤原義行氏に深甚の謝意を表するものである。

　　2000年5月

　　　　　　　　　　　　　　　　　　　　　　　　内藤龍夫

目　　次

まえがき

第1章　概　説 ————————————————————— 1
1-1　墨出し工事の位置付け　　*1*

1-2　墨出し工事の役割　　*1*

1-3　建築工事の工程と墨出し　　*2*

　　　企画・調査段階　設計段階　施工段階　維持保全段階

第2章　墨出しの表示方法と用具 ————————————— 9
2-1　墨出しの表示方法　　*9*

　　　墨の色分け　墨出し用文字の書体・単位　墨出し記号　墨の種類

2-2　墨出しの用具と取扱い方法　　*12*

　　　墨出しの精度　各工事と墨出し用具の関係　墨出し用具による測定事項　墨出し用具と取扱い方法

第3章　各工事の墨出し ——————————————————— 39
3-1　準備工事の墨出し　　*39*

　　　墨出しの計画と立案　墨出し作業の工程　敷地の測量　敷地の現況調査　墨出し基準図の作成

3-2　土工事の墨出し　　*57*

　　　敷地の整地と墨出し　掘削と墨出し　土工事における各種の計測作業

3-3 地業工事の墨出し　　　*65*

　　　杭地業の墨出し　構真柱工事の墨出し　割栗地業の墨出し　捨コンクリート打設のための墨出し

3-4 基礎工事の墨出し　　　*81*

　　　捨コンクリート面への墨出し　基礎鉄筋・型枠の組立てと墨出し　基礎コンクリート打設と墨出し

3-5 軀体工事の墨出し　　　*84*

　　　鉄骨工事の墨出し　鉄筋コンクリート工事の墨出し

3-6 仕上工事の墨出し　　　*116*

　　　基準墨出し　仕上工事共通の墨出し　組積工事の墨出し　石工事の墨出し　タイル工事の墨出し　左官工事の墨出し　建具工事の墨出し　カーテンウォール工事の墨出し　金属工事の墨出し　ボード類内装工事の墨出し　張物類内装工事の墨出し

3-7 特殊部位の墨出し　　　*147*

　　　階段の墨出し　ベランダの墨出し

3-8 設備工事の墨出し　　　*152*

　　　空気調和・給排水衛生工事の墨出し　電気工事の墨出し　エレベータ工事の墨出し　エスカレータ工事の墨出し

第1章　概　説

1-1　墨出し工事の位置付け

　工事を円滑にしかも精度よく進めていくために，現場では種々の計測が行われている。建屋の解体整地段階における埋設物の「調査」，敷地境界の「測量」，地下工事段階における山止め土圧変形の「計測」，根切り時の床付けレベル「測定」，基礎杭の「建入れ」，軀体工事段階における鉄骨の「建方精度」，型枠の「建入れ精度」，そして仕上工事段階における「仕上墨出し」等があげられる。これらはそれぞれ言葉は違っても，精度の確保を目的としている点で共通しており，現場では総称して「墨出し」と呼んでいることが多い。したがって，本書では，測量，測設，検測といった測量学上の用語を使用することを避け，現場における計測行為を「墨出し工事」と呼称して取り扱うこととしている。

1-2　墨出し工事の役割

　建築施工という作業は，選ばれた材料を所定の場所まで運び，決められた位置に取り付けていく一連の行動である。しかし，取付け手順，取付け位置を示す統一した基準がないと，現場作業の混乱を招いてしまう。
　工事を進めていくためには，建築物の設計図とこれに基づく施工図がこれらの基本となるが，実際に物を取り付け，組み立てていく

ためには,ある種の基準が必要である。その具体的な手段として墨出しがある。

墨出し工事は,敷地における建築物が平面的にまた立体的にどのような位置になるかという作業から開始される。その墨は敷地とその周辺の地形に応じ,それぞれの基準が定められるが,それらの基準点を随時施工する建築物に移し出す。また,定められた詳細な寸法による基礎から軀体工事,仕上げといった各種工事の基準となっている。

したがって,墨出し工事は各工事の基準を示す重要な作業である。物を取り付ける場合に墨が出ていなかったり,不明確になっていると作業の停滞が生じたり,間違いが生ずることになる。また,工事の手戻りや手直しによってその工期が遅れたり経済的な損失を招くことにもなる。さらに構造上,施工上の重大な欠陥の発生原因ともつながるので,正確な作業が要求される。現場担当者は,墨出し工の技量を確かめ,自ら率先して指揮・監督していくことが大切である。

1-3 建築工事の工程と墨出し

(1) 企画・調査段階

建物の企画の段階で,その計画が果たして可能であるか否かを調査するために行い,必要な情報を収集する。この調査のねらいは,

① 企画される場所(都市部,平野部,丘陵部,河川部,海岸部等)の位置・地形にかかわる情報収集

② 企画される建築物(住宅,学校,事務所等)に対応する地盤・環境の調査から得られる情報の取得

にある。すなわち，地形の測量，土質調査等から，設計や施工に必要な基礎資料の把握，がけ崩れ等天災の発生に対する考慮，建築物を建てた場合に起こりうる環境の変化の予測等の情報を収集することである。

(2) 設計段階

企画・調査段階で得られた情報を基に建物の設計を進めるために，設計段階で敷地の広さや形状のほかに，過去に利用された敷地の履歴，隣接建築物との関係等の情報が必要である。

また，建物が環境に与える影響を予測し，施工前・施工中・施工後の各段階で設定した基準を満たすよう計画しなければならない。

調査項目としては，日照，大気，臭気，騒音，振動，地下水位，水質，地盤沈下，廃棄物，電波障害，風害等があげられる。

(3) 施工段階

施工段階における墨出しが狭義の墨出しに相当する。墨出しの内容には，大別して，

① 敷地およびその周辺の墨出し
② 工事推進のための墨出し
③ 工事の品質および安全管理のための墨出し

がある。

敷地およびその周辺の墨出しには，建築物の設置のために基本となる空間の把握を目的とした敷地測量がある。

工事を行うための墨出しには，設計図書に従って建物をつくる段階で必要な通り心の墨出し，小墨出しおよび基準階の墨の移設のための墨出し等がある。

表1-1 施工段階の墨出し・計測作業の一覧

工 事 名		墨出し・計測作業	区 分		
			①	②	③
準備工事	地形の測量	隣地境界，道路境界の確認	○		
		敷地面積の把握	○		
		敷地と周辺地盤との高低差の確認	○		
	工事基準点・水平基準の設定	逃げ杭・ベンチマークの設置		○	
		沿道掘削・復旧のための墨出し		○	
杭工事	杭打ち	杭心墨出し		○	
	杭打止め・杭頭斫り	杭頭レベル墨出し		○	
山止め工事	シートパイル・H形鋼打込み・連続壁構築	山止め壁の位置出し		○	
	変位計測	山止め壁面の移動・傾斜，周辺地盤沈下量，隣接家屋の移動等の計測			○
土工事	法切り	法勾配を出すための竪やり方		○	
	床付け	床付けレベル墨出し		○	
	栗石敷	栗石レベル墨出し		○	
	捨コン打ち	捨コンレベル墨出し		○	
基礎工事	基礎・地中梁・柱の鉄筋・型枠組み	基礎・地中梁・柱の心墨出し		○	
		基礎・地中梁・柱の天端墨出し		○	
		型枠建込み精度・配筋状態			○
	鉄骨アンカーボルトセット	アンカーボルトの墨出し		○	
		鉄骨現寸と現寸検査			○
	基礎コンクリート打設	コンクリート天端墨出し		○	
埋戻し工事	埋戻し	埋戻しのためのレベル墨出し		○	
土間コンクリート工事	栗石敷	栗石レベル墨出し		○	
	土間コンクリート打設	土間コンクリートレベル墨出し		○	

表 1-1 (つづき)

工事名		墨出し・計測作業	区分		
			①	②	③
土間コンクリート工事	差し筋	差し筋位置墨出し		○	
鉄骨工事	アンカーボルト台直し	アンカーボルト墨出し		○	
	ベースモルタル	ベースモルタル天端墨出し		○	
	鉄骨建方	建方精度			○
鉄筋コンクリート工事	鉄筋・型枠組み	通り心・返り心等基準墨出し		○	
		型枠建込み用レベル墨出し		○	
		開口部墨出し		○	
		型枠建込み精度,配筋状態			○
	インサート類取付け	差し筋・木れんが・天井インサート・アンカーボルト墨出し		○	
	スリーブ取付け	引き通し墨出し(墨の移設)		○	
	コンクリート打設	コンクリート打設用レベル墨出し		○	
		主要部の通り,レベルのチェック			○
内部仕上工事	内装仕上準備	軀体施工時の基本墨のチェック			○
		柱,壁等への通り心,返り心,仕上墨,仕上面返り墨出し		○	
		陸墨(レベル墨)出し		○	
	間仕切工事	間仕切壁用墨出し		○	
	建具工事	建具取付け用墨出し		○	
	天井下地工事	天井仕上墨出し		○	
	内装仕上工事全般	仕上墨出し		○	
	階段仕上工事	階段仕上墨出し		○	
	エレベータ取付け工事	エレベータ三方枠墨出し,エレベータレール		○	
外部仕上工事	外部仕上準備	内部と外部の仕上墨の誤差の測定と調整			○
	屋上手すり取付け	屋上手すり用基礎の墨出し		○	

表1-1 (つづき)

工　事　名		墨出し・計測作業	区　分		
			①	②	③
外部仕上工事	伸縮目地取付け	伸縮目地用の墨出し		○	
外構工事	外構工事準備	準備工事で設置したポイントのチェック	○		
	敷地境界・道路境界の整備	敷地境界杭・道路境界杭の墨のチェック	○		
	沿道復旧工事・一時撤去物復旧工事	沿道復旧・一時撤去物の復旧のための墨出し	○		

注) 区分欄の○は墨出し工事の最も主となる目的を示す。なお①, ②, ③は次のとおり。
  ① 敷地およびその周辺の墨出し
  ② 工事推進のための墨出し
  ③ 工事の品質および安全管理のための墨出し

　工事の品質および安全管理のための墨出しには，鉄骨工事の建入れ精度の測定，左官仕上げ・タイル仕上げ等の下地精度の測定，および仕上がり精度の測定等建築工事の工程の節目における次工程への移行に先立つ仕掛かり工事部分のチェック，山止めの変位・傾斜，地盤・道路の沈下あるいは隆起等がある。
　表1-1に施工段階の墨出し一覧を示す。

(4) 維持保全段階

　維持保全段階では，不等沈下，軀体の変形，剥落事故，腐食事故等に対する各種計測，地震や火災にあった建築物の修復における各種調査等のための墨出し・計測作業がある。
　表1-2に維持保全段階の墨出し・計測作業の一覧を示す。

表1-2 維持保全段階の計測

現　象		事　例	計　測　項　目
維持保全上の計測	不等沈下	高層棟と低層部の不等沈下	・沈下量とその分布および経年変化 ・荷重分布
	軀体変形	コンクリートスラブのクリープたわみ，壁面・開口部隅角部のクラック，窓枠の変形，ガラスの破損	・土質性状 ・基礎性状 ・構造体の変形量 ・亀裂の大きさと分布
	剥落事故	タイル・石の剥落	・剥落箇所の分布，面積 ・採用工法の適否 ・使用材料の付着強度 ・日照・通風・雨がかりの状況
	腐食事故	鋼杭の腐食	・錆の形状（孔食深さと広がり幅の比）・寸法・分布 ・電食測量
災害修復上の計測	被害状況	地震・台風による被害	・規模・分布を知るための航空写真測量 ・倒壊をまぬがれた構築物の主要部分の測量 ・建築物以外の建造物の測量 ・倒壊建物の主破壊部分の詳細な測定 ・修復の精度 ・修復後の経年変化

第2章　墨出しの表示方法と用具

2-1　墨出しの表示方法

(1)　墨の色分け

　墨出しに使用する墨の色は，原則として黒である。しかし，コンクリート打放し面，仕上材の面に墨がにじみでてくる可能性がある場合，および仕上材の上に墨を出す場合には，チョークや朱墨を使用する。また，便所，湯沸室，洗面所等で設備工事との絡みが多い場所では，墨が入り乱れ黒一色では間違いが生じやすい。

　したがって，工種によって墨の色を決めておくこともある。表2-1に墨の色分けの例を示す。

表2-1　墨の色分けの例

工事別	墨　の　色	文字・符記号の色
建　築	黒	黒
電　気	朱	朱
空　調	朱	緑
給排水	朱	青
その他	朱	茶

(2)　墨出し用文字の書体・単位

　文字の書体は角ゴチック，数字は算用数字を用い，一文字当りの大きさは50mm角ぐらいにわかりやすく正確に書く。

　また，単位はメートル法に従い，ミリメートル（mm）に統一して

表示する。

　特別の単位で表す場合は，必ず文字を記入し，明瞭にしておく。

(3) 墨出し記号

　墨出し記号を，表2-2に示す。また，墨出し記号を使用した実際例を，表2-3に示す。

表2-2　墨出し記号

名　称	記　号　表　示
心　　　墨	～　～　　正しい墨
にじり墨	正しい墨　　正しい墨
消　し　墨	✕
逃げ墨 / 返り墨	心墨より200逃げ　／　仕上面／仕上面より100返り　／　仕上面まで100
限　界　墨	厚さ100
すみ表示	出すみ　出すみ　入りすみ
開口部表示	
インサート・アンカー心	
はつり墨	30　はつり深さ30
貫　通　墨	

(4) 墨の種類

　墨には，親墨，子墨，孫墨の3つがある。

親　墨

　親墨は，現場で最も基準となるべき通り心や階高陸墨等の墨であ

表 2-3 墨出し記号の実際使用例

部位	墨の種類	表 示 法	線・文字の墨の色	実 際 例
床面	A：通り心	—X通り—·—	黒線・黒文字	
	B：通り心寄り墨	—X通り=1,000延—·—	黒線・黒文字	
	B'：同上交差点	⊕	黒線（しんちゅう丸頭〈きを埋込み周囲を朱色に塗る）	
	C：出入口心	—出入口心—·—	黒線・黒文字	
	D：形わく墨		黒線（コンクリート打設で隠れてしまわないよう引延ばしておく）	
	E：壁仕上がり返り墨	▶200	黒線・黒文字	
	F：床内装類付け心	—中やモニ長さと塗装器—	黒線・黒文字	
壁面	A：通り心	—X通り—·—	黒線・黒文字	
	B：階高陸墨	3FL+1,000	黒線・黒文字	
	C：出入口心	—出入口心—·—	黒線・黒文字	
	D：通り心寄り墨	—X通り=1,000延—·—	黒線・黒文字	
	E：天井仕上がり返り墨	▶200	黒線・黒文字	
	F：壁仕上がり返り墨	▶100	黒線・黒文字	
	G：壁内装類付け心	—壁面器ャセ—·—	黒線・黒文字	
	H：天井割付け心	—天井器ャセ—·—	黒線・黒文字	

り，一般に基準墨という。墨出し責任者を決め，着工から竣工まで一貫した方針で基準の設定および誤差の修正を行い，問題が発生したときにも，すみやかに経過を把握し，善後策を講じられるようにする。

子　墨

子墨とは，躯体工事における壁面・床面（型枠用等），仕上工事における基準仕上面（左官壁仕上用等），親墨から導き出される各種工事用の墨をいい，親墨を出した責任者が通常兼任する。

孫　墨

孫墨とは，親墨や子墨から導き出す墨で木工事，石，タイル，内装等の仕上げを行うための墨として使用される。通常，各工種ごとに墨を出す。

2-2　墨出しの用具と取扱い方法

(1)　墨出しの精度

墨出しの用具には，多種多様のものがあり，それぞれの目的に沿った機械器具を選択し，使用材料の良否の判定，施工精度の確認を行う必要がある。ここでは，用具の選定にあたり，知っておくべき精度の考え方を示す。

精度と誤差

精度とは，建築物の施工にあたり，建築物や建築物を構成する部材等をどの程度の正確さでつくるか，すなわち，確かさの度合いを示すものである。

誤差とは，確かさの反対の不確かさの度合いを示すもので，測定値から真値（設計寸法）を引いた値で表す。なお，誤差の種類には

表2-4 誤差の種類

種　類	内　　容	概　念　図
系統誤差	測定値に一定の片寄りを与えるもの。正確さを示す指標となる。	正確さ：不良 精密さ：良
偶然誤差	測定値にばらつきを与えるもの。数多くの小さな原因が集積して不規則に生ずる誤差で、一定、規則的にはならない。精密さを示す指標となる。	正確さ：良 精密さ：不良
過誤による誤差	測定上の読み違い、書き違い等、単なる人為的な過ちによるものである。	正確さ：良 精密さ：良

表2-4に示すものがある。

精度の分類

建築物における精度には，

① 部材の製作段階における工場生産精度（製品精度）

② 建築物の施工段階における現場組立て精度（施工精度）

の2つがある。

建築の精度の設定方法には，

① 設計寸法に寸分狂いのないように作成する絶対精度の追求

② 支障のない範囲で誤差を認めて作成する許容幅をもった精度の追求

の2通りがある。前者はコスト的なデメリットが大きく現実的でなく，後者が一般的である。したがって，設定した要求精度に見合う測定用具を選択することが大切である。表2-5に測定用具の選定のための精度に関する留意事項を示す。

表2-5 測定用具選定のための精度に関する留意事項

項　目	内　　容
目標精度の設定	建築の生産システム全体としてバランスよく調和した目標値の設定のための体系の作成 ① X・Y・Zの3次元目標値 ② 構成材の目標値 ③ 構成材と構成材との組立て目標値 ④ 壁面，床面，天井面等の目標値 ⑤ 建築空間の目標値
精度管理の方法	① 精度の測定方法 ② 測定用具の性能 ③ 測定精度の分析 ④ 測定記録の方法 ⑤ 精度の判定基準 ⑥ 精度不良のものの手直し方法 ⑦ 精度不良を起こさない方法（逃げ等）
精度と生産性・コスト	① 設定した精度と生産性の関係（作業能率等） ② 設定した精度とコストの関係
施工精度の資料収集	① 施工精度の調査 ② 適正精度の設定（目標値，許容差等）

(2) 各工事と墨出し用具の関係

建築物の施工過程では数々の墨出し用具が用いられる。表2-6に工事別の墨出し用具を示す。

(3) 墨出し用具による測定事項

点の測定

工事に関する点の測定には，

① 敷地測量や精度のチェックの目的で必要な点を部材上に定めて測定するという，ある特定点の測定

② 壁心，柱心といった工事の進捗に必要な基点の墨出し

がある。

線の測定

表2-6 工事別の墨出し・計測用具

工 事 名	使 用 区 分		用 具 名
準備工事	敷地境界線の確認		トランシット，ポール，巻尺
	敷地面積の把握		トランシット，ポール，巻尺
	工事基準点・水平基準の設定		レベル，巻尺，テープ
杭 工 事	杭心墨出し		トランシット，ポール，巻尺，テープ
	杭打止め・杭頭斫り		レベル，バカ棒
山止め工事	山止め壁の位置出し		トランシット，ポール，巻尺，テープ
土 工 事	法切り竪やり方		水ぬき，水杭，水糸，バカ棒
	床付け		レベル，バカ棒 スケール，テープ，水糸
	栗石敷き		
	捨コン打ち		
	変位計測	地盤沈下・隆起	レベル，スケール，巻尺
		根切り側面の変形	トランシット，巻尺
基礎工事	基礎・地中梁・柱の心出し		トランシット，巻尺，下げ振り
	埋戻しレベルの墨出し		レベル，バカ棒，スケール，テープ
鉄筋コンクリート工事	通り心・返り心等基準墨出し		トランシット，巻尺，下げ振り
	鉄筋の間隔・加工の確認		スケール，分度器
	型枠の組立て・建入れ検査		トランシット，レベル，スケール，テープ，下げ振り，水糸
	コンクリート天端墨出し		レベル，バカ棒，スケール，テープ
	引通し墨出し		トランシット，下げ振り，スケール，定規
鉄骨工事	アンカーボルトの墨出し		トランシット，巻尺，テープ，レベル
	ベースモルタルの天端墨出し		レベル，バカ棒，スケール，テープ
	鉄骨建入れ精度		トランシット，下げ振り，巻尺，ピアノ線，テープ，スケール，鉛直トランシット

表 2-6 (つづき)

工 事 名	使 用 区 分	用 具 名
鉄骨工事	現寸検査	スケール, テープ, さしがね, 大コンパス, ばね計
	製品, 寸法検査	ナカゲージ, ノギス, テープ, スケール
組積工事	長さの測定	テープ, スケール
	墨出し	水糸, 下げ振り, 水準器
建具工事・金属工事	製品検査	マイクロメータ, ノギス, スケール, テープ, 定規, 白墨
	墨出し	レベル, 下げ振り, 水糸, スケール, テープ
石工事・タイル工事	製品検査	スケール, 定規, さしがね, 白墨
	墨出し	レベル, 下げ振り, 水糸, スケール, 定規, さしがね
木工事	材料の検査	スケール, テープ, 含水計
	墨出し	トランシット, レベル, 水糸, スケール, テープ
左官工事	仕上精度の検査	スケール, 定規
外構工事	外構工事準備	トランシット, レベル, ポール, 巻尺, テープ, バカ棒
	敷地境界・道路境界の杭のチェック	トランシット, レベル, ポール, 巻尺, テープ, バカ棒
	沿道復旧工事	トランシット, レベル, ポール, 巻尺, テープ, バカ棒
	一時撤去物復旧工事	トランシット, レベル, ポール, 巻尺, テープ, バカ棒

工事に関する線の測定には，

① 柱心・壁心等の各部位の中心点に基づいて墨を出す，といった主要部位の中心線や基準線の墨出しおよび確認

② 材料・部材の寸法，各種変形・変位等の測定といった線分の長さの測定

③ 直線の真直度や傾き，円の真円度や歪み，曲線のずれや誤差といった設計上寸法との差異，すなわち精度の測定

がある。

角度の測定

工事に関する角度の測定には，

① 基準線や基準方位との角度を求めての点の位置の墨出し
② おおがね，テープ等による直角の墨出し
③ 水準器，水盛管，レベルによる水平の基準出し
④ 下げ振り等による鉛直の基準出し
⑤ 基線あるいは水平線に対する高さの比率から，またはトランシット等による傾斜・勾配の測定

がある。

面の測定

工事に関する面の測定には，

① 建築物の床や各部位の水平を決定するための水平基準面の設定
② PC板等の部材，床等の平面度の測定
③ 曲面壁・曲面天井・曲面屋根等の曲面の測定
④ 建築物の外観や各部位の仕上面の平滑度あるいは粗面度の測定

がある。

立体としての測定

工事に関する立体としての測定には，

① 位置決め用の基準線の墨出しを行い，水平や傾きをみるために水糸を張り，X・Y・Z軸に対する精度を確認しながらの位置決め作業

② 設置された部材，施工完了後の建築物の各部位の位置・寸法，面の不陸，線の引通し，直角部のかね，および取合い各部の納まり等の点・線・角度・面等の総合的な施工精度の測定

がある。

(4) 墨出し用具と取扱い方法

墨つぼ（図2-1）

墨つぼは，直線の墨打ちをするための道具で，つぼ，つぼ糸，つぼ綿，かるこ，墨差しで1組になっている。つぼの綿に墨を加えて，車に巻き付けた墨糸をその中を通して引き出し，墨打ちをする。

(a) つ　ぼ

桑やけやき等の木を彫り出してつくられる木製のものと，プラスチック製のものがあり，180mm，210mm，230mm，250mmの大きさに分かれるが，墨出し用には210mm，230mmのものが使いやすい。また，つぼ糸がスムーズに引き出せ，巻き戻しができるものがよい。

(b) つぼ糸

「てぐすさん」という白く長い毛をもつ虫の体からとった「てぐ

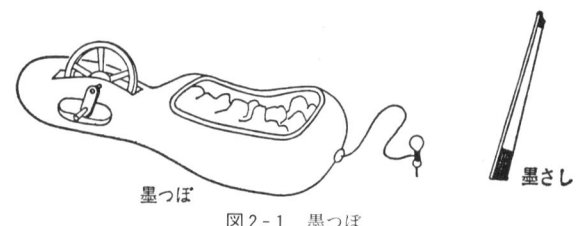

図2-1　墨つぼ

す」という糸を使用する。あまり細いと切れてしまったり，太すぎると墨が太くなり精度的に問題となる。つぼ糸には，細目・中目・太目があり，仕上用墨打ちには細目を，その他の場合には中目・太目を用いる。つぼ糸は購入後糸巻きから解き，一晩水につけて糸ぐせを取っておく。

(c) つぼ綿

これには真綿が用いられ，墨を十分にしみ込ませて使用する。墨が吸収されていないと墨が打てないので注意する。

(d) 墨差し

竹製であるが死竹や若竹でなく成熟した竹が最上である。先端を水平に対し30°ぐらいの角度で細く平らに削る。細いほど精度が高いが墨もちが悪くなる。したがって，木部かコンクリート部かによってそれぞれに適するものを使い分ける。また，他端は，字が書けるように丸くつぶしてあり，墨を付けて線を引いたり，記号を書いたりできるようになっている。

(e) 墨

普通のすり墨が消えにくく適している。墨汁を使用することもあるが，消えやすいので注意する。

墨打ちの場合は，原則として糸方向に姿勢を正しく向け，糸を面に対し，直角方向に引き上げて行う。つぼ糸は，レベル墨の場合で2〜3m，通り墨の場合で3〜4m間隔にポイントをとり，これに糸を合わせて墨打ちする。軍手をはめて墨打ちをすると糸がカーブして墨打ちされることが多いので，指先から糸が離れるときには特に注意する。風が強い場合は，糸が流れる可能性があるので間隔をせばめて墨打ちする。また，雨降りの場合は精度が落ちやすいので無理な作業を避ける。

なお，同一箇所で数回行っても同じ場所に打てるように練習する。

水糸・ピアノ線・ターンバックル

水糸は，墨出し作業中，引通しを必要とする場合に用いられる。ナイロン糸と木綿糸があるが，強度の高いナイロン糸のほうが多く使用される。

ピアノ線は，長い距離の引通しで引張りを強くしないと，糸たれが起きる場合に用いる。通常 21#〜24# くらいが使われる。

ターンバックルは，ピアノ線を緊張し糸たれを防止する目的で併用される。

さしがね（図 2-2）

長手と妻手の 2 方向を直角に結合させたステンレス製のものさしである。長さ，角度の測定および局部的な直角の墨付け，製品の直角度の検査によく使われる。図 2-2 の置き方で上面を表目，下面を裏目という。裏目＝表目×$\sqrt{2}$ の寸法関係になっており，裏目は表目を辺とする正方形の対角線の長さを目盛として示している。正式には，長手寸法 1 尺 5 寸 7 分 5 厘であるが，現在では，手の長さにも種々のものがあり，長手 500mm，妻手 300mm 程度が一般的である。

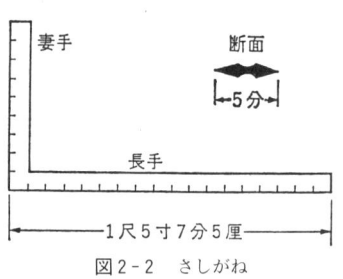

図 2-2 さしがね

さしがねの狂いの確認は，床上に直線を引き，これに長手方向を合わせて短手方向の垂線を引く。ここでさしがねを裏返し，短手方向を先ほど引いた垂線に合わせ，そのとき長手方向が床上の直線に合うかどうか調べる。

さしがねが狂っている場合，90°より小さくしたいときは直交部の外側を，90°より大きくしたいときは内側を金づちでたたいて修正する。

おおがね（図2-3）

厚さ1.5cm，幅9.0〜10.5cmの小幅板やぬき等で大きな三角形を形づくったもので，斜辺5，他の2辺を3，4の割合で作成する。おおがねの外側の線を基準面とする場合はその部分をかんなでまっすぐになるように削り，基準面としない場合は墨を打って作成する。三四五(さんしご)と呼ぶこともある。

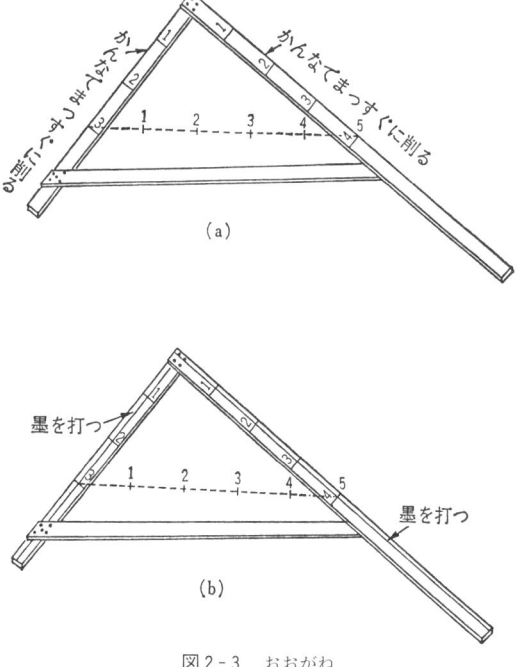

図2-3　おおがね

下げ振り（図 2-4）

糸の先端に円錐形の垂球を付けたものである。真鍮製やステンレス製等があり，100g～10kg 程度まで重さに段階がある。用途に応じて使い分けるが，室内用としては 300～600g 程度，鉄骨建入れ用としては 10kg 内外がよい。

垂球を吊るす糸は，下げ振り専用のナイロン製のものが使われており，垂球の回転が生じないように，より糸ではなく編糸（あやおり）になっている。糸の長さは，10m および 15m の 2 種類がある。

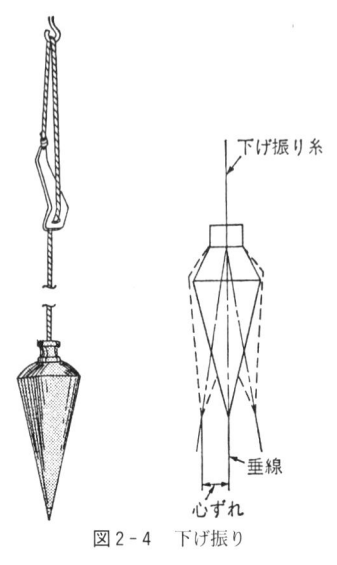

図 2-4 下げ振り

下げ振りは，柱や壁の縦墨を出したり，上階に墨を移設する等の垂直の設定や心出しのほか，垂直の検査に用いられる。

下げ振りは，使用前に糸を支点にして回転させ，糸と垂球の先端が心ずれしないことを確認する。また，外部等で風のあるときは，風にあおられて正しいポイントがとりにくくなるので注意する。

巻尺（テープ）

〈種　類〉

巻尺には，鋼製と布製のものがあり，長さは，10mm，20mm，30mm，50mm，100m の 5 種類がある。一般に，墨出し用には，30m あるいは 50m の鋼製のものが用いられる。布製は，張力のばらつきによる誤差が大きいので高い精度の場合は使用しない。子墨用には，1.0m，2.0m，3.5m，5.0m のスチールテープが用いられる。

〈規　格〉

鋼製巻尺は，JIS B 7512に規格があり，種類，等級，材料，堅さ，形状，寸法および許容差等の項目に分類して規定されている。

現場で使用するものは，JIS1級品とし，各メーカーにおいて5年に一度，都道府県にある計量検査所で検査を受けたものとする。検査台の上で，巻尺の全長が5m未満のものは，1kgの張力，全長5m以上のものは2kgの張力を加えた状態で検査し，計量研究所にある1級基準直尺あるいは1級基準巻尺（10m，20m，30m，50mの4種類）と比較し，表2-7に示す量に応じた許容差の範囲内でなければならない。ただし，このJIS基準に従って1級品を使用する場合でも，50mの鋼製巻尺2つ以上を比較すると最大で10mm程度の誤差が生じることもある。したがって，施工時に2個以上の巻尺を使用する場合は，同一メーカーのものであっても必ずテープ合わせを行う。2個以上用意する場合，そのうちの1つは基準テープとして保管し，鉄骨等の製作に使用するものや新規に用意される鋼製巻尺を常に照合して用いる。

一般に照合は，2本の鋼製巻尺に同一張力をかけ，平坦な場所で5m間隔の目盛をチェックする。

表2-7　一般的鋼製巻尺の性能（20℃のとき）

JIS	表す量	許容差
1級品	1m以下	±0.3mm
	1m以上	±0.3mmに1m増すごとに0.1mm加える
	(例) 50m	0.3+0.1×49=±5.2mm
2級品	1m以下	±0.6mm
	1m以上	±0.6mmに1m増すごとに0.2mm加える
	(例) 50m	0.6+0.2×49=±10.4mm

〈使用上の注意事項〉

測定にあたっては，緩ませないように張る。工場内では5kgくらいの張力を与え，現場では7～9kgくらいの張力とする。10kg以上にすると伸びてしまい，残留伸びが生ずることが多い。長い距離の各所のポイントをとる際には，基準点を0とし，おのおのの測定寸法を加えてポイントを墨出しする。また，長方形をテープで測定する際，各辺を順々に測定した場合には，出発点へ戻ったときに若干ずれが生じ，正確に合うことは少ない。通常，5mm以内の誤差であれば，修正して合致させる。それ以上の誤差の場合は測定し直す。

そのほか，ねじれたまま引っ張るとキンク（kink：ねじれやもつれることをいい，巻尺が切れやすい状態になること）を起こすので注意をする。一度キンクを起こしたものは完全には復元せず，折れやすく，測定誤差を生じやすい。巻き込む際には巻尺を左手人差指と中指に挟んでねじれを直しながら行う。

巻尺は，濡れたり，土で汚したまま放置すると発錆し，目盛の判読が不可能になるばかりでなく，折れやすくなる。使用後は必ず布できれいにふきとり，油を薄く塗っておくとよい。

折尺（図2-5）

金属製と木製があり，折ってしまえるので携帯に便利である。しかし，注意して用いないと誤差を生ずることが多く，重要な墨出しには使用することを避けて，短い長さを測るときに利用する。

尺づえ・箱尺（図2-6）

(a) 尺づえ

短い距離や高さを測るときに用いる約4cm角，長さ2～6mの角棒で，20～50cmごとに目盛られている。特にブロック割り，れん

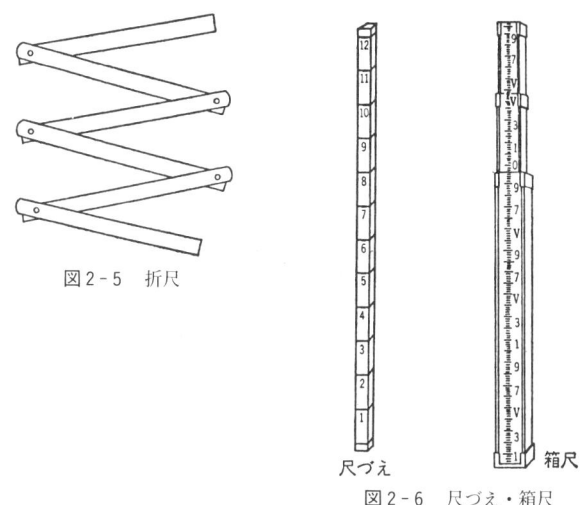

図2-5 折尺

図2-6 尺づえ・箱尺

が割り，タイル割り等に利用できる。

(b) 箱　尺

　1～2mmの高い精度を要求しない場合，レベルの水平視線の高さを決定するときに使用する。箱形あるいは板状の尺度で，標尺ともいう。箱尺は，外尺の中に中尺，中尺の中に内尺が差し込まれた三重の形になっており，いっぱいに引き伸ばした長さが5m程度になるものである。一般に，箱尺の表面には白および黒の塗料で目盛が付けられ，最小1目盛の大きさは5mmとなっている。また，5mごとに黒矢印，10cmごとに黒数字，1mごとに赤数字が記入され，黒数字の上にメートル数を表す赤丸印が付いている。外尺の裏と側面には箱尺を垂直に立てるための帯形気泡管が付いている。この気泡が同時に中央に位置したとき垂直を示す。

　主に，敷地の高低差の測量，土工事の根切り底のレベル出し等に

ポール（図2-7）

ポールは位置や方向を表す目標に用いられ，また短い距離の略測にも使用される。ポールは直径約3cm，長さ2～4mの丸棒で，表面に遠方からはっきり見えるように20cmごとに交互に赤・白の塗料で塗り分けたものである。なお，下端には石突きがはめ込んである。

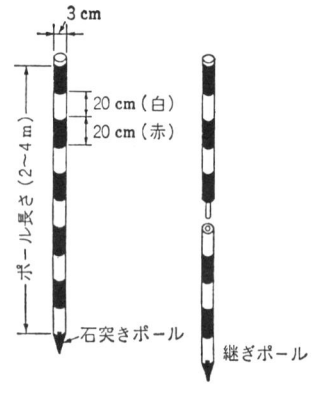

図2-7　ポール

継ぎポールは，長さ1mのポールを2～4本継ぎ足して1本のポールとしたもので，使用後には分解してしまえるので携帯に便利である。

ポールを使用する場合には，測点にまっすぐ立て，足を半歩開いて自分の体をポールで縦半分に割るような気持ちでしっかり持つ。

ポールの垂直性の確保は，付近の煙突，電柱，建物の角度等を目標として定規にするか，下げ振りで検査しながら立てる。

バカ棒

高さや水平ポイントを記すときに用い，レベル，トランシットの相方として使用する。材質としては木製のものが多く使用されるが，ねじれや反りのない軽いものを選ぶ。なお，小口は水平に切断されたものを用い，垂直に立て，前後左右に倒さないように注意する。また，あまり長いものはたわむこともあるので，短めのほうがよい。

水平器（図2-8）

レベルの補助的な道具で，簡便な部位ならび

図2-8　水平器

に測定の長さが小さい場合に使用する。材質には，アルミ製，鉄製，木製があり，長さは，300mm，360mm，450mm，600mm，750mm，900mm がある。水平や垂直の検査に用いる。

水盛管（図2-9）

高精度を必要としない部分や，非常に複雑でかつ狭い部屋等でレベルが使用できない部分の水平ポイントを記す場合に用いられる。

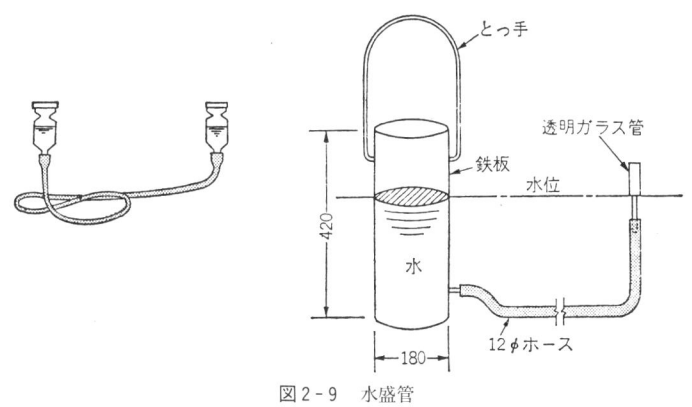

図2-9　水盛管

トランシットおよびセオドライト

〈概　要〉

トランシットおよびセオドライト（図2-10）とは，1地点において他の2点間の水平角（水平面内の夾角）ならびに高度角（鉛直面内の水平面となす角）を測定する測量機械であって，水平面を基準とした整準状態において望遠鏡の視準線を目標へ向け，そのときの方向角と高度角を目盛盤で読み取るための機構を備えたものである。

最近における一般的な呼称ならびに JIS（日本工業規格）の分類によれば，トランシットとセオドライトは次のように定義されてい

る。

　　トランシット：目盛盤をバーニヤ（または指標）で読み取るもの

　　セオドライト：目盛盤を光学的な拡大機構（ただし，拡大鏡は除く）を用いて読み取るもの

　なお，以前においては，望遠鏡が水平軸（横軸）の回りに自由に回転し，アメリカにおいて一般土木測量用として発達したものをトランシットと称し，望遠鏡がトランシットのように自由に回転せず，ヨーロッパにおいて精密測地測量用として発達したものをセオドライトと称していた時期もあったが，最近ではセオドライトと称しても望遠鏡が自由に回転するものが大多数であり，上記のように読取り機構の相違によって区別するようになった。

〈構　造〉

　図2-11に電子式セオドライトの構成を示す。目標をねらうための高倍率の正像式望遠鏡，望遠鏡を鉛直方向に回転させるための水平軸，望遠鏡を水平方向に回転させる鉛直軸，高度角を測定するための高度目盛板および角度検出部，水平角を測定するための水平目盛板および角度検出部，鉛直軸を鉛直に据える整準装置が主要構成であり，そのほかに機械を測点の真上に合わせるための求心望遠鏡，内部バッテリ，表示器，各種スイッチ等が必要となる。

　電子式セオドライトの角度検出の方式としては，目盛板が等間隔の格子状になっているインクリメンタル方式と，角度の値と円周上の位置が1対1のアブソリュート方式とに分けられるが，現在では構造が簡単で小型化・高分解能を図りやすいインクリメンタル方式が多用されている。角度精度の性能は，最小読取り値や標準偏差によって区分されており，最小読取り値は2″以下，2～12″以下，12

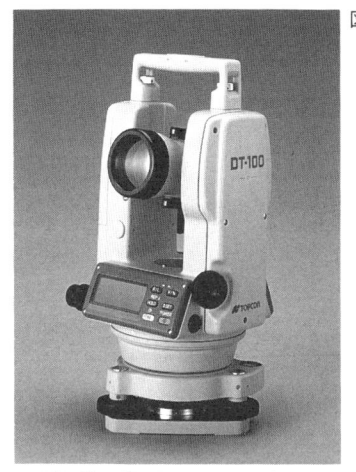

第2章 墨出しの表示方法と用具　*29*

図2-10　電子式セオドライト

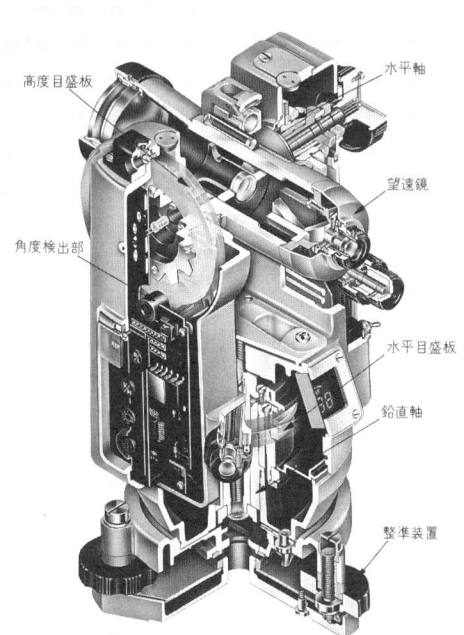

図2-11　電子式セオドライトの構成

- 高度目盛板
- 水平軸
- 望遠鏡
- 角度検出部
- 水平目盛板
- 鉛直軸
- 整準装置

〜30″以下，1′読みに分けられる（JIS B 7909）。標準偏差による性能区分は，JIS B 7909を準用すると，2″以下，2〜6″以下，6〜15″以下，30″以上にそれぞれ分類される。

〈使い方〉

測量作業にて角度測定を行うときは，測点に三脚を立てて，その上にセオドライトを載せる。求心望遠鏡と整準装置を使い測点の真上にかつ鉛直軸を鉛直に据えるように，機械を調整する。同様に目標軸の測点にターゲット板を据え，望遠鏡でターゲットを視準して，高度角，水平角を得る。

レベル

〈概　要〉

土地の高低差の測定（水準測量）や土木・建築における高さの設定（墨出し）に一般的に使われる機械がレベルである。レベルは望遠鏡の視準軸を水平にすることにより2点間の高低差を測定する計測器で，望遠鏡の視準軸を水平に保つ機構を備えている。この機構に気泡管を用いる気泡管レベルと，望遠鏡の多少の傾きに無関係に視準軸だけを補正して水平にするオートレベル（自動レベル）とに大別できる。現在では操作性のよさからオートレベル（図2–12）が多く使われている。なお，高低差を測定する際には，標尺（ものさし）と組み合わせて使用する。

〈原理と構造〉

レベルの構造を図2–13に示す。望遠鏡は対物レンズ，焦点板，補正装置，接眼レンズから構成され，焦点合わせは合焦ノブを回すことで合焦レンズを光軸に沿って移動させることにより行う。倍率は20〜32倍程度である。この望遠鏡は，回転軸を介し架台に取り付けられており，架台に対して水平方向に回転可能である。

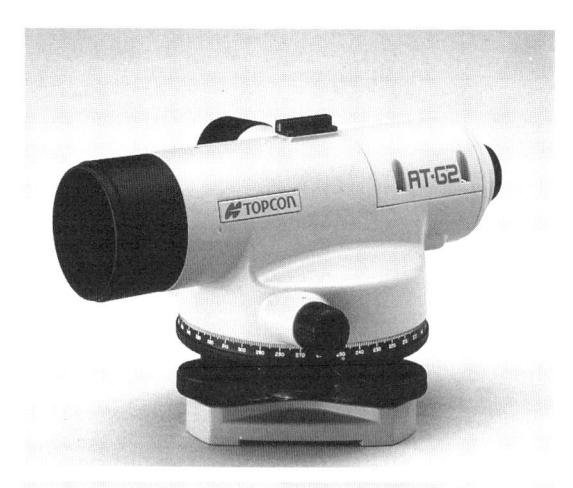

図 2 - 12 オートレベル

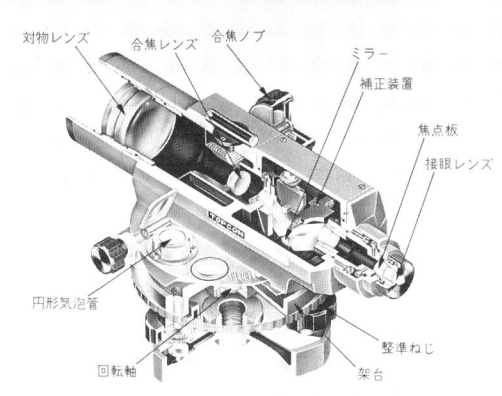

図 2 - 13 オートレベルの構造

対物レンズ　合焦レンズ　合焦ノブ　ミラー　補正装置　焦点板　接眼レンズ　円形気泡管　回転軸　整準ねじ　架台

　補正装置は望遠鏡の視準光路途中にあり，その視準光路は補正装置の振り子に取り付けられたミラーを通る。振り子の重心は重力の作用で常に鉛直に位置する。このとき，機械の傾きに応じミラーとの相対角度は変化し，視準光路を変角させる。これにより望遠鏡対物レンズの光学的中心を通る水平線上の物点は機械の傾きの量にか

かわらず，常に焦点板の十字線の中心に結像するように視準軸を補正する。したがって，機械を大略，水平に設置すれば自動的に正確な水平視準軸が得られる。

〈使い方〉

2点間の高低差を測る場合（水準測量）

機械を測点A，Bのほぼ中間に据え付ける。円形気泡管の泡が中央にくるように3本の整準ねじを調整して望遠鏡を水平にする。測点Aに標尺を立てて視準し，標尺の目盛bAを読み取る。次に測点Bに立てた標尺を視準し，目盛fBを読み取る。測点A，Bの高低差hは次式となる。

$$h = bA - fB$$

汎地球測位システム（GPS）

〈概　要〉

GPS (Global Positioning System：汎地球測位システム)は，アメリカの国防総省が軍事用に開発し，その一部が民生用に開放されているもので，地球上のどこでも自分自身の位置を知ることができるシステムである。

カーナビゲーション，海洋での艦船の位置決め，地殻変動観測，精密測量，原子時計の時刻公正から，大気の水蒸気量を観測して天気を予報する等，幅広く利用されている。

〈原理と構成〉

GPSは，ユーザーが位置を知るために必要なデータを電波にのせて発信する人工衛星と，衛星の軌道計算と衛星が発信するためのデータを衛星に送信する地上制御局と，自動車，船舶等の移動体や地上に設置された受信機（ユーザー）で構成される。

GPSの測位には，単独測位と2台以上で行う干渉測位がある。単

第2章 墨出しの表示方法と用具   33

図2-14 汎地球測位機

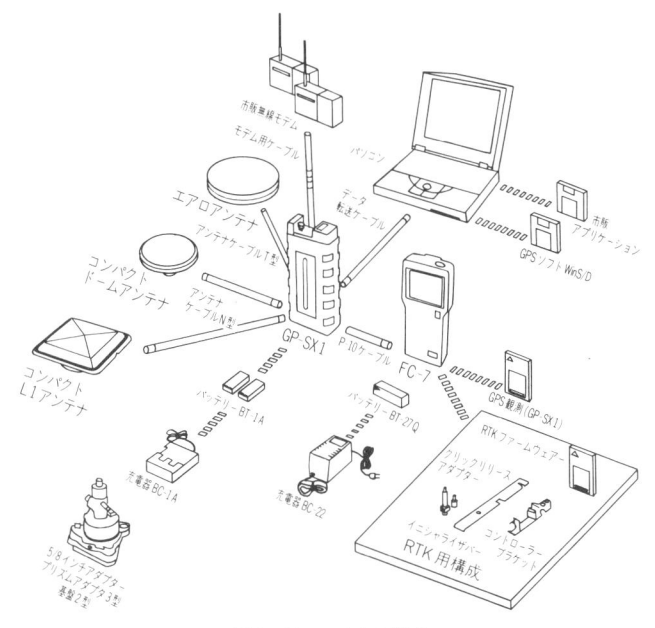

図2-15 システム構成

独測位は，4個以上の衛星からの電波を受け，それに含まれる信号の解析と各衛星と受信機間の距離を求めることによりアンテナ位置の3次元座標を算出する。位置精度は約100m。干渉測位は2台の受信機を設置し，同時刻に同じ衛星を4個以上一定時間連続的に観測する。その測定データを専用の解析ソフトで処理することにより，受信機の位置関係を距離と方向で高精度に決定できる。位置精度は数mm〜数cmである。

干渉測位には，2台以上の受信機を固定して行う，スタティック測位と，1台を固定してもう1台の受信機を移動して行うキネマティック測位がある。

〈使い方〉

未知点の座標を求める測量では，干渉測位が用いられる。スタティック測位は，主に基準点測量で使用し，通常上空の開けた既知点と未知点にアンテナを2台以上設置して数十分間以上観測する。そして，得られたデータを解析し，距離と方向を求めて網計算を行い座標を求める。

キネマティック測位は，移動側の受信機でアンテナを1秒から数分おいて観測し，その後も次々と未知点に置き，そのデータと既知点のデータを集めて解析し未知点の座標を求める。

最近では，キネマティック測位において，無線機を使用し既知点のデータを移動側に送信し，リアルタイムに座標を求める方法も実用化され，移動体の位置管理等に利用されている。

トータルステーション

〈概　要〉

トータルステーションは土地の測量などに使用される測量機の一種で，目標点までの距離と角度（鉛直および水平方向）を測定する

電子式測距測角儀である。測量機には、距離を測定する光波距離計がある。本体から目標点に光を発射し、反射して戻ってきた光を電気的に処理して距離を求めている。また、角度を測定するセオドライトがあり、ロータリーエンコーダを使用して電気的に角度を読み取る機械を特に電気式セオドライトと呼ぶ。トータルステーションは、光波距離計と電子式セオドライトが一体化されたものであり、測定結果を演算処理して水平距離や座標値に変換したり、測定結果を外部機器に入力したり、多くの機能を備えているものが多い。性能は、測距可能距離 2〜3 km、測距精度(標準偏差) 数 mm〜1 cm、測角精度（標準偏差） 2〜5 秒程度の機械が主流である。

〈原理・構造〉

測距の基本原理は、距離＝光の速さ×時間である。

しかし、光が発射されてから戻ってくるまでの時間を精度よく測

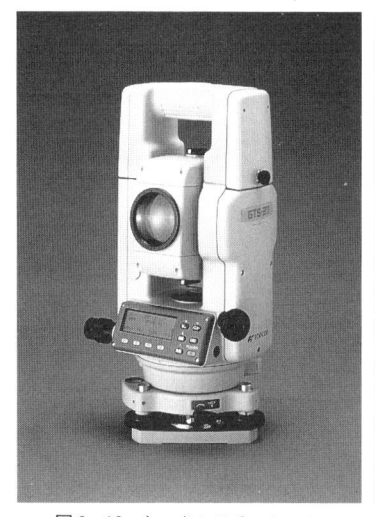

図 2-16 トータルステーション　　　図 2-17 プリズム

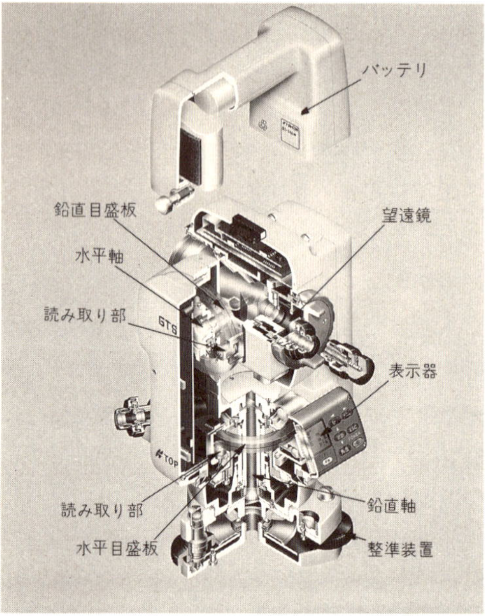
バッテリ
鉛直目盛板
望遠鏡
水平軸
読み取り部
GTS
表示器
TOP
読み取り部
鉛直軸
水平目盛板
整準装置

図 2-18　トータルステーションの構造図

定することは困難である。そこで，一般に時間を直接計測する代わりに，光を一定の周波数で点滅させ，発射光と戻り光の波の位相差を測定して処理する手法で距離を求めている。光源は LED（赤外光）を使用している。目標点に使用する反射プリズムは反射面の形状が直交した三面（立方体の角）からなっており，幾何学的に入射した方向に光を反射する構造になっている。角度の測定は，ガラス円盤に刻まれた目盛を光電変換している。

主な構成は，目標をねらうための望遠鏡（測距用を兼ねており，内部で視準用の可視光と測距用の赤外光を分離），望遠鏡を鉛直方向と水平方向に回転させるための，おのおの水平軸と鉛直軸，鉛直角と水平角を測定するためのおのおの鉛直目盛板と水平目盛板および

読み取り部，鉛直軸を鉛直に据えるための整準機構等がある。

〈使い方〉

　測定開始点（測点）に三脚を立てて，その上にトータルステーションを載せる。測点の真上にかつ鉛直軸が鉛直になるように機械を据え付ける。目標点にはターゲット（反射プリズム）を据え付ける。望遠鏡でターゲットをねらい，距離と角度を測定する。測定開始から数秒の時間で測定結果が表示される。

第3章　各工事の墨出し

3-1　準備工事の墨出し

(1)　墨出しの計画と立案

墨出しは，敷地の形状，高低等の測量や建築物・道路等の地表面上の物体（地物という）の測定，ならびに測定した結果に基づいて計算を行い，位置関係を求めたり図面化する作業からなる。前者を外業，後者を内業という。

以下に，墨出しの計画をするうえで重要な点を示す。

墨出しの目的の把握

作業を開始する前に目的を明らかにする。現場の広さ，建築物の種類や用途，測定した結果の使用目的によって必要とされる精度も異なり，それに適する墨出し用具の選定にも影響するからである。

墨出しの方法の検討

墨出しの目的を達成しうる精度を確保するための方法を検討する。原則として，大地域から小地域へ，粗から細部へと墨出しを進めていくようにする。

墨出し作業を行うには，担当者を決めて作業班を構成し，作業の手順を定め，かつ，作業方法の統一を図る。

表3-1に墨出しの方法についての注意点を示す。

測定結果のチェック

墨出し作業の区分分担は一定していないが，重要な部分の墨出しは自らが指揮して行い，繰り返しチェックして確認する必要があ

表3-1 墨出し方法の注意点

項　目	内　　容
① 正確さの確保	a．墨出し技術の習得 　墨出しを十分に理解している人から基礎知識を学び，正確な墨出しができるよう，自分なりに技術を習得することが第一歩である。 b．墨出し技術の正確さの確保 　墨出し作業員は技能，技量のすぐれた人を選ぶ。 c．正確さの程度の設定 　作業内容により，墨の性格が異なるので具体的寸法の許容誤差の程度を変える。 d．同一条件での測定 　大もとの基準から墨を追い出す（同一基準）。 　風・温度の変化により墨出し用具や建物自体に物理的変化を起こさない時間に測定する（同一時間）。 　スチールテープ等は毎回同じものを同じ作業員で同じ張力で引く（同一方法）。
② 見やすさ，使いやすさ	a．墨出しの表示方法の統一 　誰が見ても何のためのどういう墨かわかるよう統一した表示とする。 b．使いやすい墨の検討 　取付けの際，墨の追出しに時間がかかったり，出し直したり，追出しに手間のかかることがないようにする。基本墨，子墨等が混在するときは色分けも考える。 c．最少限の墨 　墨はなるべく少なくし，それですべてがわかるようにする。
③ 墨出しの時期	a．障害物のない時期 　資材等の障害物がない時期に作業する。 b．他作業の少ない時期 　休日，早朝等，他作業の少ない時間に行う。 c．天候のよい時期 　雨や強風等の悪天候のときは作業をできるだけ避ける。
④ 墨出し用具の管理	a．使用前の点検・調整 　墨出し用具は事前に点検・調整し，性能を100％発揮させる。 b．正しい使用方法 　墨出し用具の操作は仕様書に示されるとおり正確に行う。 c．小道具の保管 　墨出し小道具は紛失しやすいので一式まとめて保管する（墨つぼ，墨さし，さしがね，スチールテープ，コンベックス，下げ振り，赤鉛筆，マジック，スプレー式塗料，ナイフ，ビニールテープ，ピアノ線，水糸，墨糸，コンクリート釘，金づち，ほうき，布きれ，懐中電灯，バカ棒，白紙等）。
⑤ 墨の養生と保存	a．建物外の基準点の保存 　移動しないようコンクリートで固める。周囲に赤杭を埋め込むなどして注意を喚起する。 b．建物内の基準点の保存 　通り心等の交差した部分は板を打ち付ける等して保存する。

る。

　敷地測量等の公的な資料は，公認の測量士によって作成しなければならない。

　墨出しには，測定ミスや測定誤差の累積による間違い等の重大な過誤があっても発見することができず，かなり工事が進捗した段階で誤りに気づくことがある。このようなことのないように，出した墨は必ずチェックして確認する。例えば，水平墨は必ず原点に戻って誤差を確かめる。通り心墨は，相互の寸法や角度を確認する。また，ブロック墨を出した場合，差し筋の位置は正確か，開口部の位置と大きさは正しいか，仕上墨を出したら仕上しろは十分あるかなど，墨出しと併行して検査を行う。

　検査の結果はすみやかに整理し，許容範囲を超えた誤差については対策をたてて補正する。

（2） 墨出し作業の工程

　墨出し作業の工程は，おおむね表3-2に示すとおりである。墨出し作業は，工事の工程に併行して行われるものであるから各工事の施工図等によって施工の手順を考え，それぞれの工事に必要な墨を，工程に遅れることのないよう墨出しを実施していくことが大切である。

（3） 敷地の測量

目　的

　敷地の測量は，建設予定地への建築物の配置を検討し，工事を進めていくうえで必要な，

　　① 敷地の形状，高低，大きさ

表3-2 墨出し

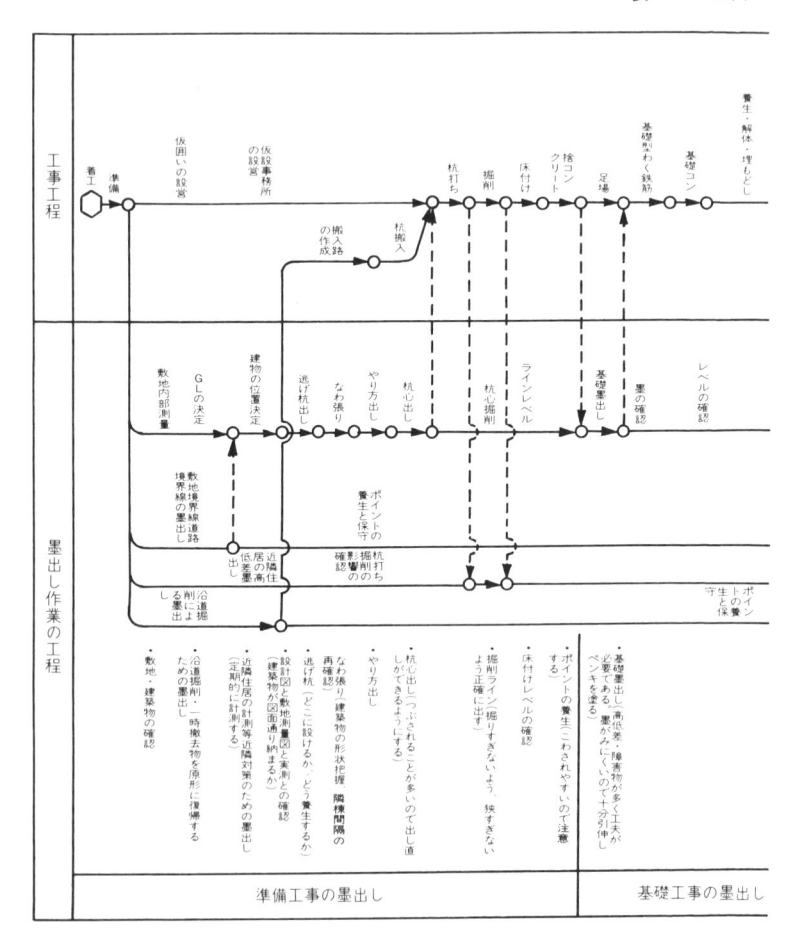

工事工程	着工→準備→仮囲いの設置→仮設事務所の設置→搬入路の作成→杭搬入→杭打ち→掘削→床付け→捨コンクリート→足場→基礎わく鉄筋→基礎コン→養生・解体・埋もどし
墨出し作業の工程	敷地内部測量／GLの決定／建物の位置決定／逃げ杭出し／なわ張り／やり方出し／杭心出し／杭心掘削／ラインレベル／基礎墨出し／墨の確認／レベルの確認 敷地境界道路境界線の墨出し 近隣居住の墨出し／沿道掘削による墨出し／ポイントの養生と保守／杭打ち掘削の影響確認／ポイント養生と保養 敷地・建築物の確認／近隣掘削・時撤去物を原形に復帰するための墨出し（定期的に計測する）／なわ張り・建築物の形状把握 隣棟間隔の再確認／逃げ杭（どこに設けるか、どう養生するか）設計図と敷地図面通りの確認（建築物が図面通りに納まるか）／杭心出しはつぶされることが多いので出し直しができるようにする／杭心出し、やり方出し／掘削ライン、掘りすぎないよう正確に出す／床付けレベルの確認／ポイントの養生をする／基礎墨出し、高低差・障害物が多く工夫が必要である。墨がみにくいので十分引伸しペンキを塗る
	準備工事の墨出し　　　　　　　　　　　　基礎工事の墨出し

作業の工程

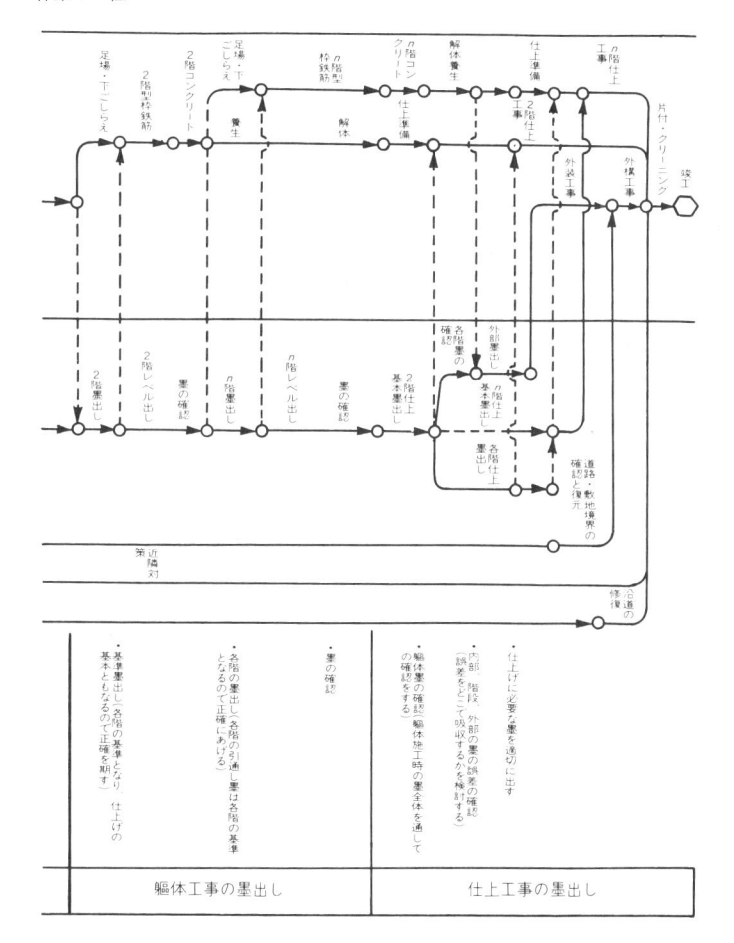

作業の流れ（上段）：
足場・下ごしらえ → 2階埋め型鉄筋 → 2階コンクリート → 足場・下ごしらえ → 養生 → n階型枠鉄筋 → 解体 → n階コンクリート → 仕上準備 → 解体養生 → 2階仕上 → 仕上仕上 → n階仕上 → 外装工事 → 外構工事 → 片付・クリーニング → 竣工

墨出しの流れ（中段）：
2階墨出し → 2階レベル出し → 墨の確認 → n階墨出し → n階レベル出し → 墨の確認 → 2階仕上基本墨出し → 各階墨の確認 → n階仕上基本墨出し → 各階仕上墨出し → 外部墨の確認 → 道路、敷地境界の確認と復元

近隣対応 / 沿道の修復

躯体工事の墨出し

・基準墨出し：各階の基本となるので正確を期す、仕上げの基本ともなるので正確を期す

・各階の墨出し：各階の引通し墨は各階の基本となるので正確にあける

・墨の確認

仕上工事の墨出し

・躯体墨の確認（躯体施工時の墨全体を通しての確認をする）

・仕上げに必要な墨を適切に出す

・（内部）階段、外部の墨の確認（誤差をどこで吸収するかを検討する）

② 隣地や道路との境界

③ 敷地内の地物や埋設物の位置

④ 地盤,地質

等の調査を行うことを目的としている。

方　法

敷地の測量の方法は,

① 敷地の大きさ,高低差の状況

② 敷地内の地物,既存建築物の状況

③ 測量の内容と要求精度

の各条件に合わせて,トランシット測量,平板測量,レベル測量を使い分ける。

それぞれの測量の方式には特徴があるので,用途に最も適するものを選択することが肝要である。詳細は専門書を参照されたい。

敷地境界線の確認

設計時点では,土地の取得が済んでいなかったり,既存建築物があったりして,正確な測量が行われないままに設計されている場合もある。したがって,設計図を基に着工と同時に障害物の撤去,整地作業を行ったうえで敷地内外の実測をする。

隣地および道路との境界線については,公的機関(道路管理者

表3-3　境界が不明な場合の処理方法

不明な境界	処　理　方　法	関　係　法　規
官民境界	国有地の場合は所轄財務局,地方自治体所有地の場合は市町村役場土木課へ,着工2～3カ月以前に,建築主が道路境界査定願を提出する。	国有財産法第31条3～5 不動産登記法第30条
隣地境界	界標設置権により隣接する土地についてそれぞれの所有者,使用者の立会いのもとに測量士,土地家屋調査士に依頼して着工時までに境界を確認する。土地登記簿(公図)を根拠とする。	民法第223～224条

等）と隣地地主および設計監理者の立会いのもとに確認をする。境界石標，境界杭等を探し出し，敷地形状・寸法・方位を実測して測量図を作成し，設計図と照合する。もし，建築物が敷地内に納まらない場合，または納まっても施工上支障をきたす場合は，施主，設計監理者と協議し対策を講ずる。なお，境界が不明の場合は，表3－3に示すように処理を行う。境界石標を設置する必要のある場合は，通常仮標を打っておき，後日石標に打ち換える。境界石標，境界杭は，工事中に動いたり，一時撤去したりするので，いつでも復元できるように，1点につき2方向以上の逃げを設け，相互の距離，角度等を測量し，記録保管しておく。逃げを設ける場合の注意点としては，

① 移動しない場所の選定
② 見通しのよい場所の選定
③ 隣地への杭打ちや隣接建物へのポイントの設置における所有者の許可受諾
④ 舗道にポイントをとる場合のポイント釘の打込みとペンキ表示

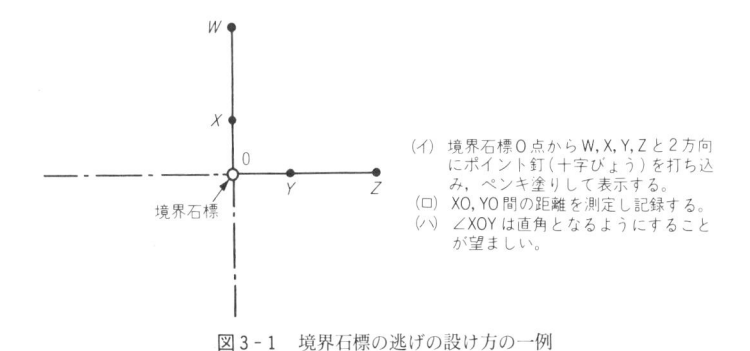

(イ) 境界石標O点からW, X, Y, Zと2方向にポイント釘(十字びょう)を打ち込み，ペンキ塗りして表示する。
(ロ) XO, YO間の距離を測定し記録する。
(ハ) ∠XOYは直角となるようにすることが望ましい。

図3-1　境界石標の逃げの設け方の一例

等がある。

境界石標の逃げの設け方の例を，図3-1に示す。

地なわ張り

地なわ張りは，設計図に示されている敷地と建築物の位置関係を平面的に決定する作業である。地ならしが終わった後，敷地測量図と敷地の現状に照合して，配置図や平面図に従って行う。まず，道路または隣地境界線から所定の距離を測り，基準となる外壁の位置を設定する。外周の通り心，柱心，壁心の交点等に地なわ杭を打ち込み，なわを張って建築物のアウトラインを出し，設計図どおり建築物が納まるかを確認する。地なわ張りにより建築等の位置が概略決定したら，トランシットや鋼製巻尺により正確に測量して，建築物の位置を設定し，隅部に木杭を打ち込み，ポイントとなる点に釘を打つ。ポイントは通常，建築物の梁間，桁行方向の通り心の交点とすることが多い。ただし，通り心を外壁中心線とするか，柱の中心線とするかはあらかじめ決めておく。一例を表3-4に示す。

ベンチマークの設定

ベンチマーク（BM）は，建築物の高さを決める基準となるもので，隣接道路と現在地盤等の位置関係を検討し，1階床仕上面または設計地盤すなわち，グランドライン（G.L.）より1m上がり等を記すものである。なお，設計図に示されるG.L.は，必ずしも現地のG.L.と一致しないので現地を測量してから決める場合もある。通常は何らかのベンチマークが示されているので，これを仮ベンチマークとして，これを基に敷地の高低，周辺道路の高低を測量し，G.L.を決定する。一般にG.L.は出入口部分の高さ関係，掘削土量の多少に影響するので設計監理者と協議のうえ慎重に決める。このように，前面通路や隣接建物との相対高さを考慮してG.L.を設定するほか

に，国家基準点に準拠した絶対高さに基づき設定することもある。これは広大な地域にわたり工事をする場合採用される。

　ベンチマークは，工事の高さの基準となるので工事の着手と同時に設置し工事の完了まで残しておく。したがって，移動の恐れのない見通しのきく場所に柵を設け，破損されないようペンキを塗る等の目印を付け十分な養生を行う。ベンチマークの一例を図3-2に示す。

　ベンチマークに用いる杭は，木，コンクリート，鋼製のものとし，コンクリート等で周りを固める。図3-2の(b)のように杭を用いず，正方形の枡形にコンクリートを打設し，中央にステンレスまたは真鍮のボルトを埋め込んで，モルタルで固定しその天端を基準高とすることもある。

　また，設置箇所は，2カ所以上とし相互にチェックできるようにしておく。

　敷地に余裕のない場合，近接して堅固な建築物のある場合は，これを利用して設けることもある。

基準点の設定

　基準点は，地なわ張りによって決定した建築物の通り心，柱心，壁心のいずれかを敷地周辺に記したものである。

　一般的には，通り心または通り心1m返り心を記すことが多い。設定場所は，移動の可能性のない，見通しのよい所とする。敷地に余裕のない場合は，図3-3に示すように隣接建物に竪墨を，道路に地墨を記す。敷地が広く余裕のある場合は，表3-5に示すように，新築する建築物や仮設建物の位置より離れた所に設置する。

水盛りやり方・心出し

(a)　水盛りやり方

表3-4 地なわ張りの例

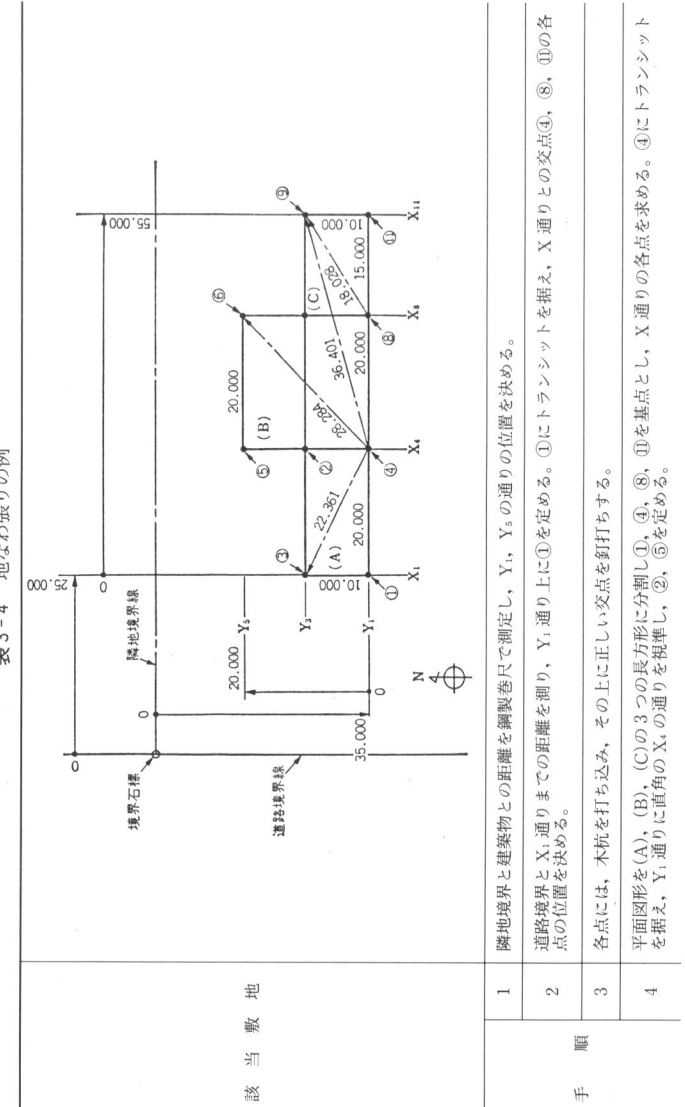

該当敷地		(図)
手順	1	隣地境界と建築物との距離を鋼製巻尺で測定し、Y_1、Y_5の通りの位置を決める。
	2	道路境界とX_1通りまでの距離を測り、Y_1通りの上に①を定める。①にトランシットを据え、X_1通りとの交点④、⑧、⑪の各点の位置を決める。
	3	各点には、木杭を打ち込み、その上に正しい交点を釘打ちする。
	4	平面図形を(A)、(B)、(C)の3つの長方形に分割し①、④、⑧、⑪を基点とし、X_1通りの各点を求める。④にトランシットを据え、Y_1通りに直角のX_4の通りを視準し、②、⑤を定める。

第3章 各工事の墨出し　49

	5	①、⑥から直角および対角線の長さを鋼製巻尺を用いて測り、③を定めて(A)の長方形を決める。
	6	(B)、(C)の長方形も同様の方法で決める。
	7	要所にトランシットを据え、各点を視準し、鋼製巻尺で位置を再確認する。
検査	1	使用した鋼製巻尺と基準の鋼製巻尺とテープ合わせを行う。
	2	隣地境界線、道路境界線と建築物との距離を確認する。
	3	各点の位置、寸法を確認する。
	4	木杭に移動する心配はないか、釘の打込み精度はよいかを確認する。

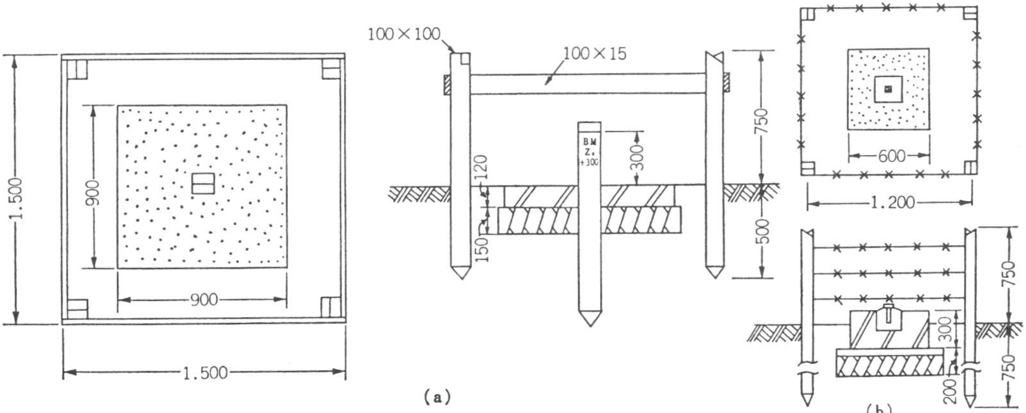

図3-2 ベンチマークの一例

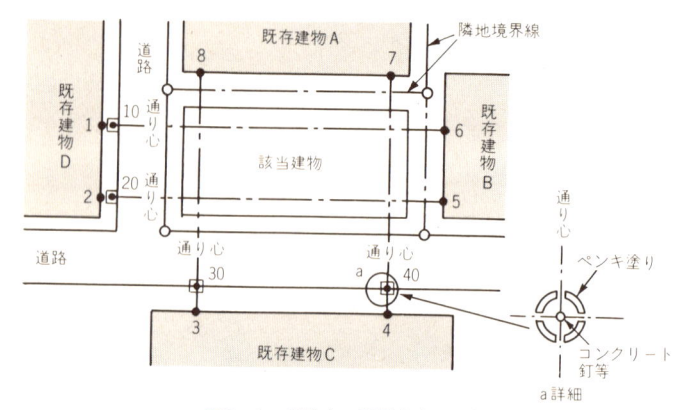

図 3-3 基準点の設置方法の一例

(1) 1～8 は壁に竪墨で示す（既存建物の持主に許可を得てから行う）
(2) 10～40 は地盤面に地墨で示す
(3) 1～4 は予備として出している

　水盛りやり方は，敷地や建築物の水平を測定し，地なわ張りにより定めた建物の位置および水平を正確に決定するための基準として設けられるもので柱心，壁心といった中心線，敷地境界線，外壁線等の限界線，G.L., F.L. のような水平線を表示するために設置される。通常，ベンチマークや基準点の設定と併行して行われる。

　水盛りやり方は，地なわ張りにより建築物の位置が決定後，図 3-4 に示すやり方図に基づいて設置される。柱心等をまたぎ，2 本 1 組の水杭を，各隅部，途中の要所に見通しがよいように打ち込む。次にベンチマークから陸（水平の基準で通常 G.L.＋500mm 程度が多い）を求め，各水杭にレベルで同じ高さの墨を打つ。この墨に水抜きの上端を合わせて釘で取り付ける。横振れ防止のため筋かい，控えも取り付ける。

　水盛りやり方に使用する材料は次のとおりである。水杭には，末口 75mm，長さ 1,500mm 程度の杉丸太を使用し，頭部を図 3-5 に

第3章　各工事の墨出し　51

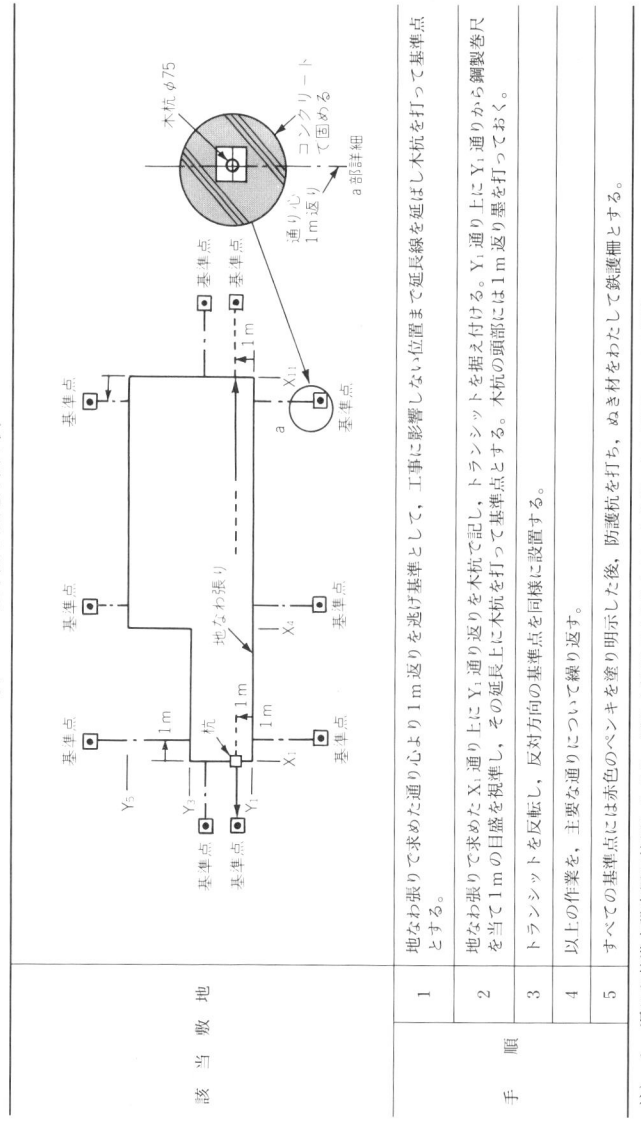

表3-5　基準点の設定方法の例

該当敷地		
手順	1	地なわ張りで求めた通り心より1m返しを逃げ基準として、工事に影響しない位置まで延長線を延ばし木杭を打って基準点とする。
	2	地なわ張りで求めたX₁通りの上にY₁通り返しを木杭で記し、トランシットを据え付ける。Y₁通りの上にY₁通りからX₁通りの目盛りを視準し、その延長上に杭を打って基準点とする。木杭の頭部には1m返りの墨を打っておく。
	3	トランシットを反転し、反対方向の基準点を同様に設置する。
	4	以上の作業を、主要な通りについて繰り返す。
	5	すべての基準点には赤色のペンキを塗り明示した後、通り心位置では立ち上がった鉄筋により視準しにくく混乱しにくいためである。

注）1m返りを基準点設定に使用したのは、通り心位置では立ち上がった鉄筋により視準しにくく混乱しにくいためである。

図 3-4 やり方図

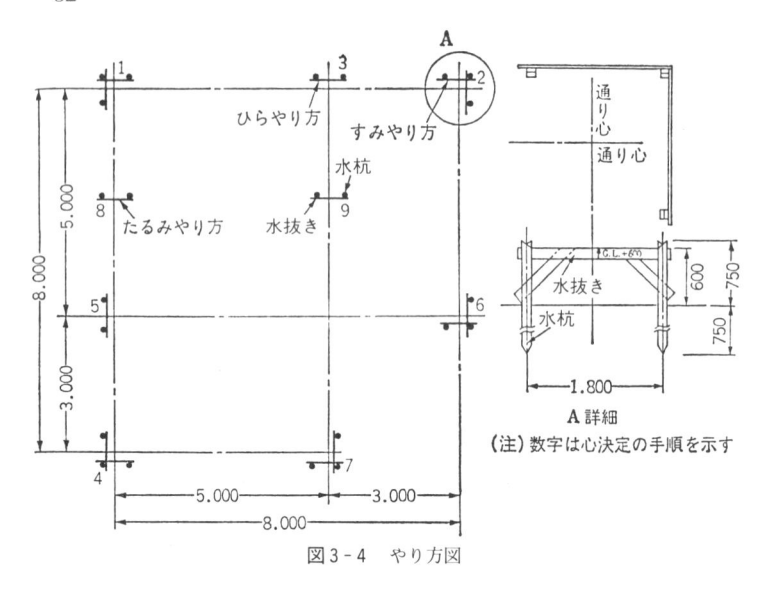

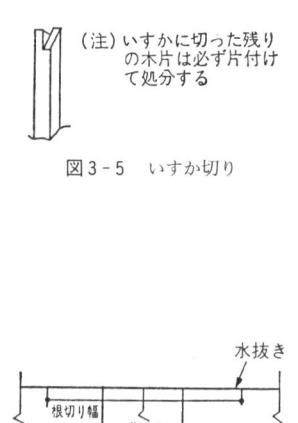

A 詳細
（注）数字は心決定の手順を示す

（注）いすかに切った残りの木片は必ず片付けて処分する

図 3-5 いすか切り

図 3-6 心出し

図 3-7 各種作業用墨

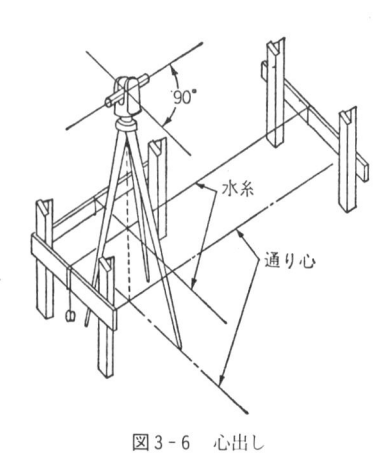

示すようにいすかに切る。いすかに切る目的は，重要保存物なので打ち込んだり，動かしたりしてはいけないという注意喚起である。また，水抜きは厚さ15mm，幅100mm程度の杉板を用い，上部は，1回かんな掛けをしておく。

(b) 心出し

水抜きの取付けが終わると，心出しの作業に入る。心出しとは，図3-6のように水抜きに壁や柱の中心線や通り心を出すことをいう。地なわ張り時に隅部に打ち込んだ木杭のポイントの一つにトランシットを据え，基準となる通り心を水抜きに記す。この基準に対し，トランシットを90°回転して直交方向の基準となる通り心を水抜きに記す。基準となる通り心を基に水抜き上に鋼製巻尺をあてて，それぞれに平行な通り心の位置を記す。

相対する水抜きに墨打ちされた印間に水糸を張り通せば，高さと各心の位置を同時に示すことができる。これを基に，根切り底，割栗石天端，コンクリート天端，型枠や基礎天端出しを行う。その際，バカ棒（バカ定規，トンボともいう）をつくって作業すると便利である。あらかじめ水糸から根切り底やコンクリート天端等までの寸法を記した木製定規で，これを水糸に一致させて所定の寸法を確認する。また，水抜きに出した心を基に，図3-7に示すように基礎幅やフーチング幅，柱幅，壁幅等の作業用の墨を打っておく。

水盛りやり方は，木造建築等間仕切が多い場合に適するが，市街地の建築で敷地に余裕のない場合や根切り量の多い工事等では，工事の邪魔になりがちなので，前述の「基準点の設定」に示した方法をとることが通常である。

竪やり方

れんが工事，ブロック工事，石工事，タイル工事，左官工事等で

やり方を竪にして目地割り，石割り，タイル割りを行う方法を竪やり方という。また，土工事で法面を正確に出すために法付け用やり方を行うが，これも一種の竪やり方である。

使用する材料としては，100角程度の木材がよく，かんな掛けして面を平坦にし，割付墨を打っておく。

竪やり方は，隅やり方に出した心墨を基に所定の位置に垂直に立て控えをとって補強する。竪やり方には物をぶつけたり，物をのせたりせず，また，足場等の移動の可能性の高いものに取り付けることは避ける。竪やり方設置後は，下げ振りで垂直精度を確かめ，割付墨の開始点のレベルをチェックする。

図3-8に竪やり方の一例を示す。

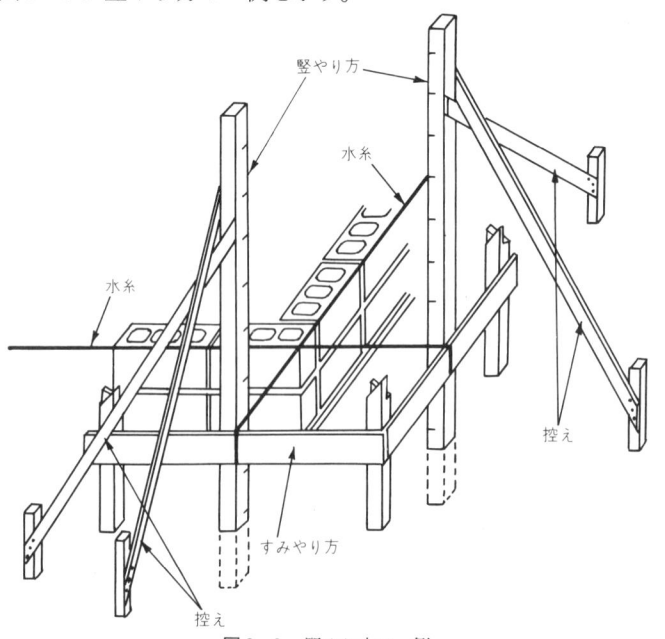

図3-8 竪やり方の一例

（4） 敷地の現況調査

地下工事等により，隣接の建物や周辺の道路に傾斜や沈下といった影響を与える場合がある。また，工事の支障となる障害物を一時撤去したり，車の搬入のために歩道を切り下げたりする場合がある。前者では，傾斜や沈下を生じた場合，後者では，復旧をするときにそれぞれ工事着手前の状態がどのようであったかの記録が必要となる。以下に実施すべき項目を示す。

隣接建物の調査

隣接建物の傾斜の測定は，その建物の四隅に適当な間隔で上下にポイントをとっておき，下げ振りを用いて調べる。

隣接建物の沈下の測定は，その建物の四隅に，工事に使用するベンチマークあるいは新たに設けた沈下調査用のベンチマークから適当な高さに墨を打っておき，定期的に沈下量を測定する。

以上の墨出しは，工事着手前に，関係者立会いのもとに行い，記録をとり，承認を得ておく。

周辺道路の調査

山止め壁等に平行に5m程度の間隔で，歩道中心線および道路中心線上とそれらの中間点にポイントをとっておき，定期的に沈下あるいは隆起量，通りの蛇行状態を各ポイントを測量して調べる。

埋設物の調査

地中埋設物は，要所を試験掘りして位置と高さを測定する。対象としては，

① 上下水道（種類・位置・流量・流向・マンホール・止水栓や消火栓の位置等）

② ガス管（種類・位置・大きさ・マンホール・バルブの位置等）

③ 電力ケーブル（種類・位置・大きさ・マンホール等）
④ 電信電話線（種類・位置・大きさ等）
⑤ 共同溝（種類・位置・大きさ・マンホール等）
⑥ 地下鉄（位置・大きさ等）

がある。

障害物の調査

ガードレール，樹木類，電車・バスの停留所等を一時撤去して工事を行うことが多い。また，沿道の掘削を必要とすることもある。このような場合は，工事完了後，元に復旧することが義務づけられているが，その際正確な位置に復元しなければならない。したがっ

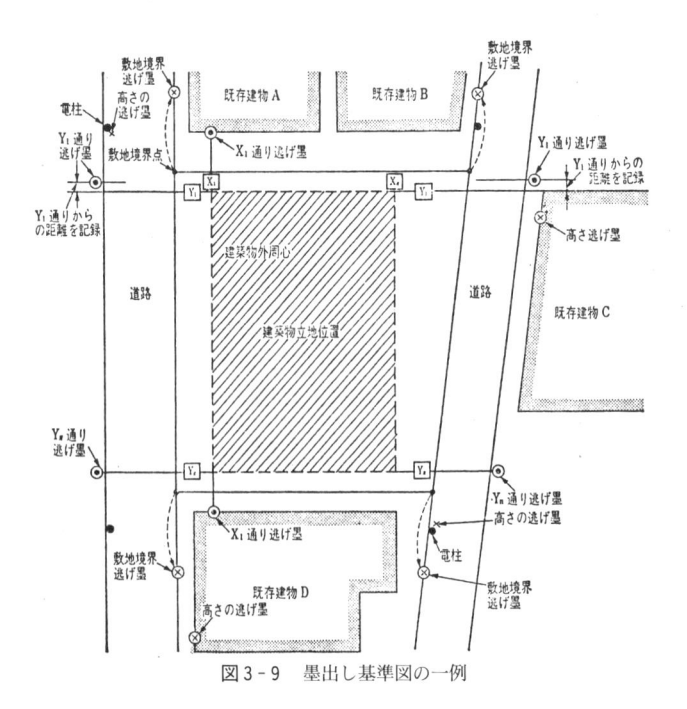

図3-9 墨出し基準図の一例

て，障害物の位置や大きさを測量し，図面化するとともに，多くの角度から写真撮影をしておく。

（5） 墨出し基準図の作成

準備工事における墨出しは，これまで述べてきたように種々のものがある。したがって，墨出し作業についての記録を図面化して保管しておく必要がある。この図面を墨出し基準図という。

墨出し基準図には，敷地境界逃げ墨，通り心逃げ墨，高さの逃げ墨等を記入する。墨出し基準図の一例を，図3-9に示す。

3-2 土工事の墨出し

土工事は，敷地の整地（鋤取り，盛土），掘削（根切り），山止め，埋戻し等からなる。以下，工事の手順に従い，土工事の墨出し方法を示す。

（1） 敷地の整地と墨出し

敷地内の地盤面が全体に高すぎたり，あるいは高低差があり凹凸になっている場合は，土間等を施工する際に支障が大きい。そこで余分な土をとり，凹凸を平坦になるようにするが，これを鋤取りという。

したがって，この段階の墨出しは，レベルの測定が主な作業である。

敷地内の地盤面が全体に低すぎる場合は，転圧による沈み分を計算して若干高めに土を盛るが，これを盛土という。この段階の墨出しは，やはりレベルの測定が中心である。

(2) 掘削と墨出し

掘削における墨出しとして重要なものは，掘削の範囲と深さを明示することである。掘削には，連続的な基礎を設けるための布掘り，一つ一つ独立した基礎を設けるためのつぼ掘り，建築物全体にわたって掘削する総掘りの3つがある。これらは，多少墨出しの方法に相違があるので次に分けて記述する。

布掘り・つぼ掘りの場合

やり方の水抜きに記された根切りの幅墨を下げ振りにより地面に移し，これに木杭を打ち込む。この木杭に根切り用の地なわを張り根切り用の輪郭を示す。根切りの位置が決定したら掘削にかかり，バカ棒を使ってやり方に張った水糸からの距離を測り根切り底を決める。なお，工事の都合上，やり方を残しておけない場合は，打ち込んだ木杭等を高杭としておき，これを基準に根切り底の確認をする。

図3-10に布掘りの例を示す。

法切りオープンカット工法による総掘りの墨出し

図3-11の(a)に示すように根切り底が浅い場合は，やり方の水抜きに，中心線，法肩線，法尻線を墨出しした後，水糸を張り，下げ振りを用いて各墨を地面に移し，木杭を打ち込む。木杭に地なわを張り，根切りを始める。根切り底の確認はバカ棒を用いる。

図3-11の(b)に示すように根切り底が深い場合は，各段階ごとに，法肩，法尻，法勾配を正確に保ちながら，工事を進める。高さについては，根切り開始前にH形鋼等を打ち込んでおき，これにポイントをとって測定する。法勾配は竪やり方を設けて確保する。

山止め工法による総掘りの墨出し

構築する建築物の外壁中心線（または外壁の外面）を，敷地測量

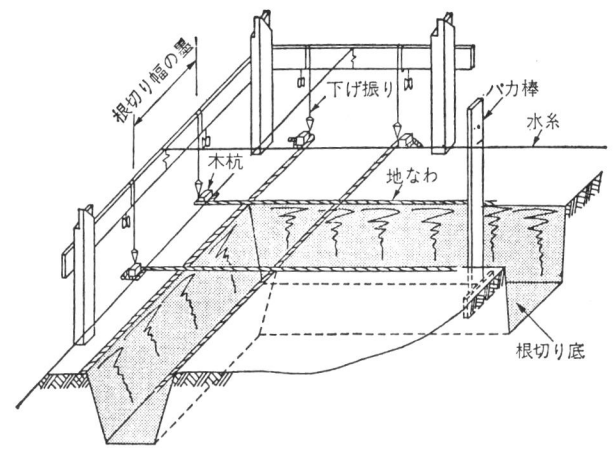

図 3-10 布掘りにおける墨出しの一例

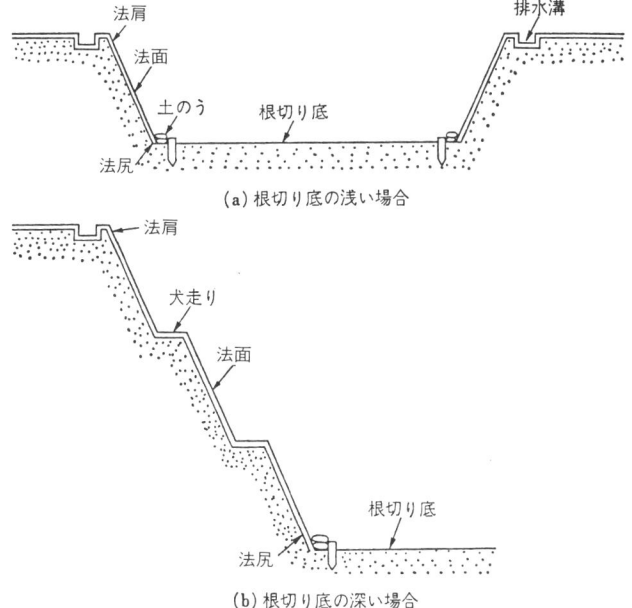

(a) 根切り底の浅い場合

(b) 根切り底の深い場合
図 3-11 法切りオープンカット工法

のときに設定した基準点から測定し、山止め壁の線の墨出しを行い、山止め壁を構築する。構築した山止め壁には、通り心等の基準線を墨打ちし、ペンキ等で符号とマークを付ける。根切りでは、支持層まで打ち込んだH形鋼等の支柱を基準レベルとして設計G.L.からの距離を表示し、その他の支柱や山止め壁に墨を移して掘削を行う。

所定の根切り底まで掘削が進んだら、4m前後の間隔に、地中梁や基礎の位置を避けるように木杭を打ち込み、床付けレベルの墨出しを行い、これにならって最終の地ならしをする。なお、この木杭は、栗石、敷砂利、捨コンクリート等のレベルの墨出しに用いると効率的である。

(3) 土工事における各種の計測作業

土工事は、土を対象としているだけに不確定要素が多く、計画段階に仮定した条件と現状では差異を生ずることも多い。したがって、地下の工事が行われている間は、種々の計測を実施し、安全性の確認をする必要がある。

計測項目としては、
① 山止め壁の水平変位
② 山止め壁頭部の沈下
③ 腹起しの水平変位
④ 切張りの水平変位
⑤ 切張りの沈下および隆起
⑥ 地盤の沈下
⑦ 周辺建物の水平変位
⑧ 周辺建物の沈下

表3-6 データシートの例(山止め壁の水平変位の場合)

測定点	測定値	基準値	変　位
Ⓐ-①	--------	--------	$\sigma=$　mm
Ⓐ-②	--------	--------	〃
Ⓐ-③	--------	--------	〃
Ⓐ-④	--------	--------	〃
Ⓓ-①	--------	--------	〃
Ⓓ-②	--------	--------	〃
Ⓓ-③	--------	--------	〃
Ⓓ-④	--------	--------	〃
①-Ⓐ	--------	--------	〃
①-Ⓑ	--------	--------	〃
①-Ⓒ	--------	--------	〃

平　面　図

等がある。

また，測定したデータは直ちに整理して，安全性の判断の資料に供することができるように，表3-6に示すようなデータシートをつくっておくことが大切である。測定結果は，現場で作成した管理体制に従って定期的に検討を行い，安全管理を実施する。

なお，以下に主な計測方法を示す。

山止め壁の水平変位

山止め壁頂部の水平変位は，図3-12のようにトランシットを基準点にセットし，視準した後，山止め壁頂部に設けた測点の変位を読み取る。

山止め壁一般部の水平変位は，図3-13のように，腹起しから下げ振りを下げ，相対的変位を測定する。

山止め壁頭部の沈下

山止め壁頭部の沈下は，図3-14に示すようにして測定する。す

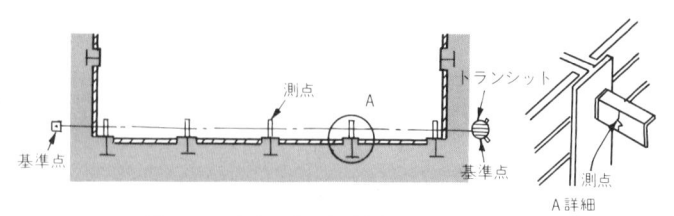

図 3-12 山止め壁の水平変位の測定例（頂部）

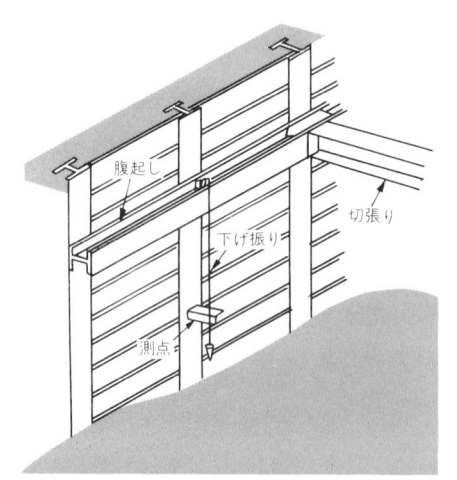

図 3-13 山止め壁の水平変位の測定例（一般部）

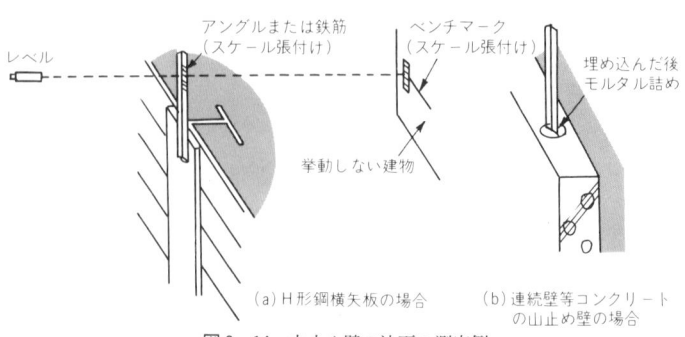

(a) H形鋼横矢板の場合　　(b) 連続壁等コンクリートの山止め壁の場合

図 3-14 山止め壁の沈下の測定例

なわち，山止め壁頂部に溶接あるいは埋め込んだ鉄筋やアングルにスケールを張り付け，隣接建物等の壁面に記したベンチマークのスケールとの相対的変位をレベルで読み取る。

腹起しの水平変位

腹起しの水平変位の測定は，山止め壁の水平変位の方法と同様に行うがピアノ線を張って計測することが多い。

切張りの水平変位・沈下・隆起

切張りの水平変位は，図3-15に示すようにトランシットを基準点にセットし，視準した後，切張り面に張ったスチールテープの目盛を読み変位を測定する。

また，沈下や隆起については，レベルを使用して測定する。

地盤の沈下

周辺地盤に測定を設け，週に1回程度ベンチマークとの高低差を測定し，地盤に回り込みの前兆が現れていないかレベルを用いて測定する。

また，地盤が沈下を始めると，地表面にひび割れが発生するので，クラックスケールを用いてひび割れの幅を測定する。こちらも週1回程度測定し，その都度ひび割れの末端に測定日とマークを付け，ひび割れの進行状況を観測する。

周辺建物の沈下

周辺地盤の沈下につれて周辺建物の沈下や傾斜を生ずる。建物外壁に測点を設け，ベンチマークとの高低差の変位を測定することにより沈下量を求める。また，傾斜計を使用して建物の傾斜を測定する。測定頻度は，週1回程度とする。

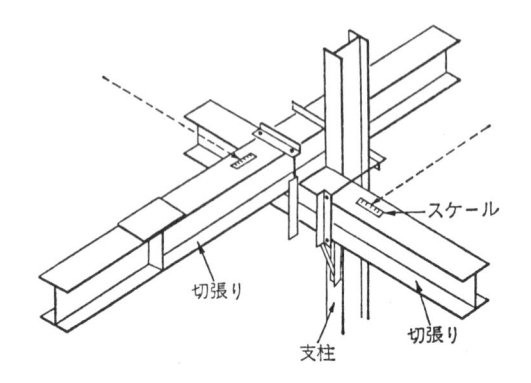

A詳細

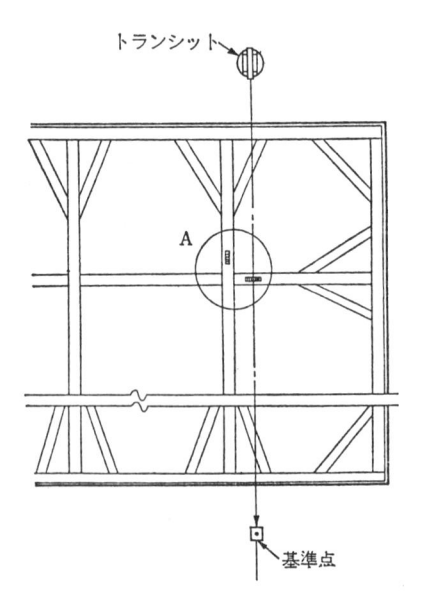

図3-15 切張り水平変位の測定例

3-3 地業工事の墨出し

地業には,杭地業と直接地業(栗石,敷砂利,捨コンクリート等)があるのでそれぞれについて記述する。なお,近年,地下工事として実施例が多くなってきている逆打ち工法の構真柱の建込みに関してもふれる。

(1) 杭地業の墨出し
杭伏せ図の検討

杭の施工にあたっては,図3-16のような杭伏せ図を検討する。検討事項は,

① X_1 および Y_1 通りからの各通りまでの距離と各通り間の間隔
② 通り心と各杭の距離すなわち,配置の状態
③ 杭径,杭の打設順序
④ 杭頭と捨コンクリートの高さ関係

等がある。これらをすべて図面に表し,杭の施工図とする。

杭心出し

杭心出しをするには,まず,杭が支持する基礎心を出す必要がある。基礎心の出し方を表3-7に示す。

基礎心を出し終えたら,基礎心と基礎心の中間に通り心の控え杭を打つ。ただし,基礎心間の距離が大きい場合は,各基礎心より一定距離を離した所に控え杭を打つ。控え杭は,杭心に打ち込む杭が,杭打機や搬入された杭により位置が不明確になってしまった場合でも,これを基にすぐ出し直しがきくので大げさな測量のし直し

がいらない利点がある。この控え杭にピアノ線を張り、図3‐17のように作製した直角定規の通り心の印と合致させる。その状態で、直角定規の杭心の印の位置に木杭の中心がくるようにしてこれを打ち込む。この作業を各基礎ごとに繰り返し行う。

なお、杭径、杭長等に種類がある場合は、木杭頭部に赤、黄、青等の塗料を塗り、色により判別がつくようにする。

図3‐18に杭心出しの例を示す。

杭の建込み精度の測定

杭の鉛直精度を高めるためには、地中に鉛直な孔または溝を施工する必要がある。そのために施工時のガイドとなるやぐらの建入れを測定する。また、掘削に併行して超音波等を利用して溝壁の精度を測定し、たえず垂直に掘り進めるようにする。なお、図3‐19および図3‐20に杭の建込み精度の測定例を示す。

また、既製杭の打込みでは、杭打ちやぐらの2方向をトランシット2台で視準し、建込みを検査し垂直に建て込む。

掘削長の検尺

掘削長の検尺は、あらかじめとってあるボーリングの土質資料と掘削した土とを照合し、土質に変化があるごとに検尺テープを孔底に落として検尺し記録する。検尺テープは、先端に鉄筋片等のおもりを付け調尺しておく。

杭頭の処理

杭打ちが終了後、掘削箇所を、土工事の墨出しで記述した要領で根切りする。根切り底の確認は、図3‐21に示すようにレベルでバカ棒を視準し、ベンチマークとの差をチェックして行う。すなわち、杭の側面にバカ棒をあて、あらかじめバカ棒に記した量とレベルの視準線を合わせ、そのときのバカ棒の下端の位置を杭の周囲2

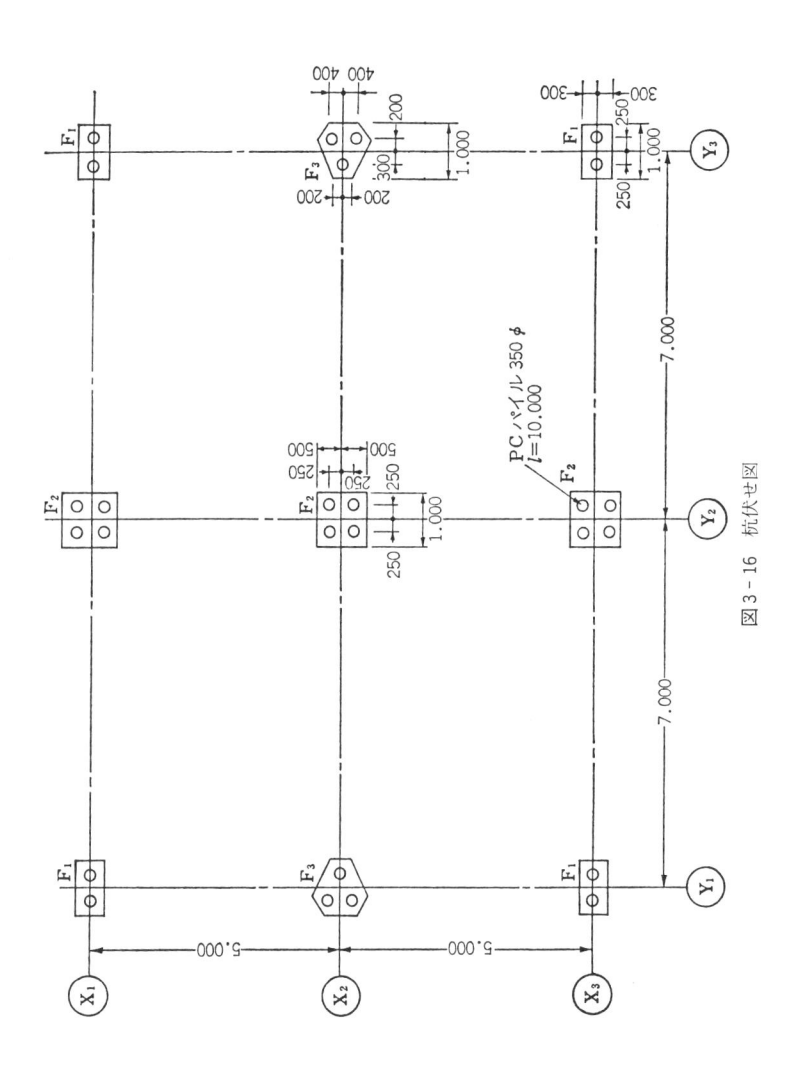

第3章 各工事の墨出し　67

図 3-16　杭伏せ図

表3-7 基礎

	手　　　　　順
①	X_1〜X_3 の各通りの基準点より水糸を引き通す。
②	鋼製巻尺を基準点 A から基準点 D へ水糸に沿って引き通し，A 点に巻尺の 0 目盛を合わせ，D 点で 24m となることを確認する。
③	X_1〜Y_1 の点ではすでに打ち込んだ木杭に記されたポイントと A 点との距離が 2m であるか確認する。
④	X_1〜Y_1 より 5m を測った所が X_1〜Y_2 の点であるから巻尺の 7m の目盛を読み，ここに木杭を打ち込み，水糸の通りと巻尺の 7m の目盛との交点を記す。
⑤	X_1〜Y_2 より 5m を測った所が X_1〜Y_3 の点であるから巻尺の 12m の目盛を読み，ここに木杭を打ち込み，水糸の通りと巻尺の 12m の目盛との交点を記す。
⑥	以下同様に X_1〜Y_4，X_1〜Y_5 についても行う。
⑦	X_1〜Y_5 より 2m の所に基準点 D があるので巻尺の 24m の目盛と合うか確認して，X_1 通りの測点の設定を終了する。
⑧	X_2 通り，X_3 通りについても同様の作業をする。こうして各基礎心を求める。
⑨	任意の基礎心を対角線に結び，巻尺で長さを測定し，誤りがないか確認する。あるいは X_1〜X_3 通りに直交する方向の X_1〜Y_5 通り上の各通り間の距離を測定して確認する。

注　1）　鋼製巻尺は作業中同一のものを使用し，水平に張り，張力は一様に 5kg となるようにする。
　　2）　鋼製巻尺による距離測定では，各通り間の間隔は，基準点からの累計寸法を使用する。各通り間を個別に測定した場合には，1 カ所に測定ミスが生じた場合，それ以後の寸法がすべて誤差分ずれてしまい，修正がたいへんになるためである。
　　3）　⑨で対角線の長さで確認する場合は，あらかじめ計算で出しておいた値と比較して行う。

心の出し方

| 図 | 解 |

(a) 杭伏せ図

(b) 杭心出し要領

図 3-17　割付用直角定規

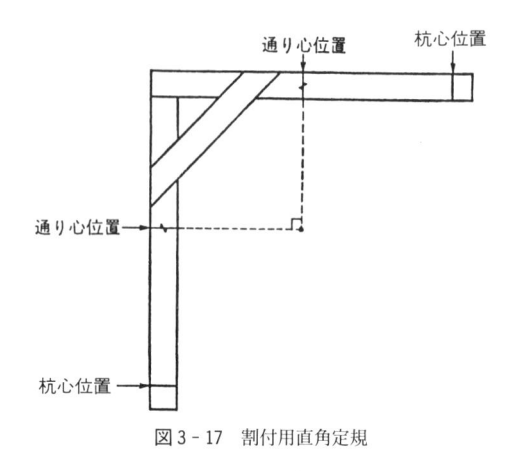

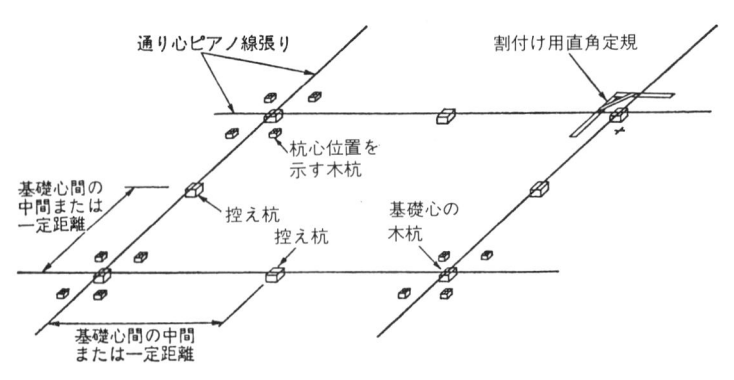

図 3-18　杭心出しの例

第3章 各工事の墨出し　71

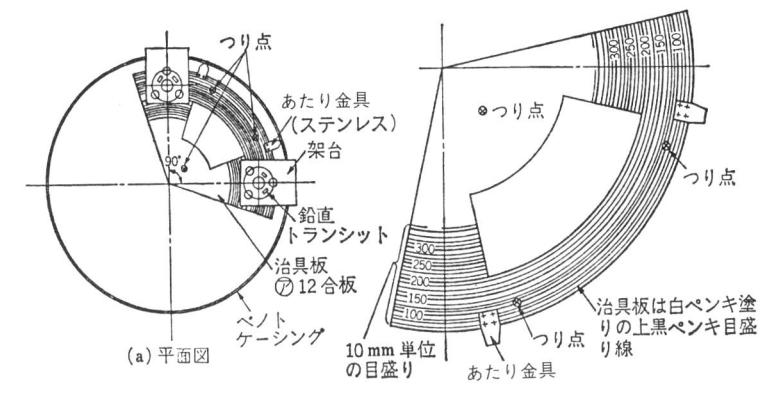

(a) 平面図

(c) 治具板詳細

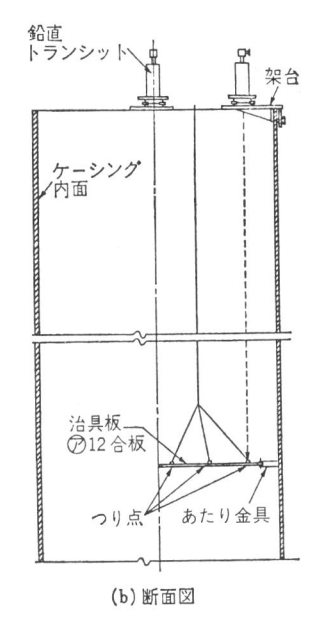

(b) 断面図

(注) ベノト杭等ケーシングを用い，しかも地下水位が低く，水の心配のない場所では，治具板と垂直トランシットにより建入れをみることができる。

図3-19　ベノト杭ケーシング建入れの測定

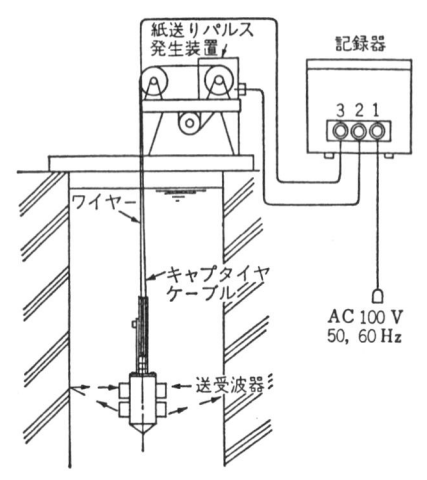

a 超音波測定機系統図

b 測定値一覧表

深さ (m)	X 方 向					Y 方 向				
	掘削杭径 (mm)			杭傾斜 (mm)		掘削杭径 (mm)			杭傾斜 (mm)	
	東	西	合 計	方向	量	南	北	合 計	方向	量
12	710	710	1,410		0	680	680			0
16	730	700	1,430	東	15	660	730	1,390	北	35
20	750	700	1,450	〃	25	660	740	1,400	〃	40
24	750	680	1,430	〃	35	620	760	1,380	〃	70
28	730	750	1,480	西	10	650	750	1,400	〃	50
32	730	710	1,430	東	10	650	760	1,410	〃	55
36	800	700	1,500	〃	50	660	820	1,480	〃	80
40	830	700	1,530	〃	65	660	850	1,510	〃	95
44	780	650	1,430	〃	65	580	830	1,410	〃	125
48	810	620	1,430	〃	95	550	850	1,400	〃	150

図 3-20 孔壁超音

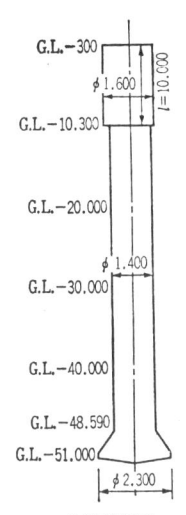

c 杭設計断面

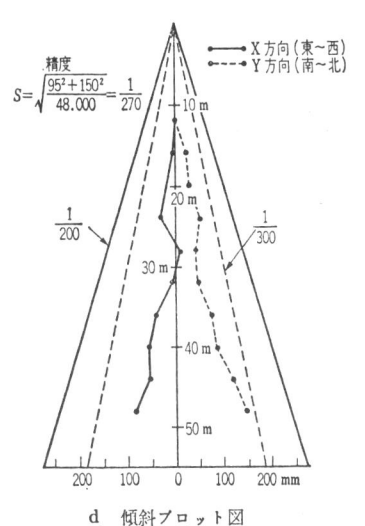

$$S=\sqrt{\frac{95^2+150^2}{48.000}}=\frac{1}{270}$$

- X方向(東〜西)
- -- Y方向(南〜北)

d 傾斜プロット図

e 超音波測定アウトプット

波測定の例

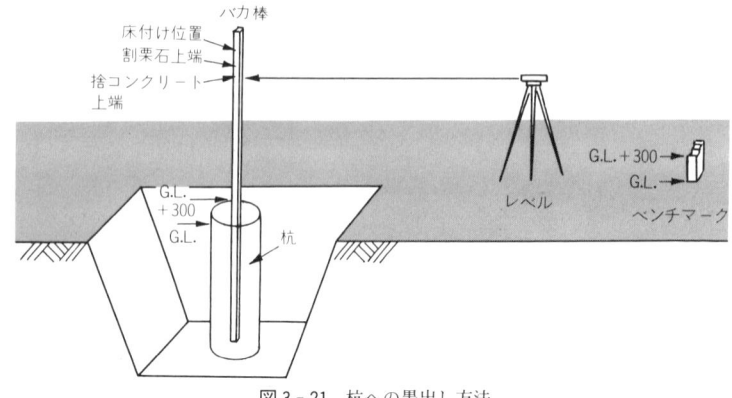

図 3-21 杭への墨出し方法

カ所以上に墨打ちする。

　床付け終了後,杭頭斫(はつ)りのための墨を打ち,所定の位置まで斫りとる。杭主筋は必要長を残し,余分な部分を切断する。なお,地盤が悪いときは,地盤のゆるみ等を考え割栗地業を終了してから行う。

(2) 構真柱工事の墨出し

構真柱工事の位置付け

　逆打ち工法により地下躯体を施工する場合,地下躯体の固定荷重や作業荷重(施工時積載荷重や施工用機械荷重)を地下構造体が完成するまでの間支持する必要があり,このために設けられるのが構真柱である。構真柱は図 3-22 に示すように構真柱を支持する基礎である構真台柱と鉄骨柱である構真柱からなり,スラブや梁で受けた荷重が構真柱に流れ最終的に構真台柱に伝達される。

　したがって,構真柱を施工するためには構真台柱が必要になるが,建物の構造が杭基礎である場合は本設杭を利用することが多

第3章 各工事の墨出し　75

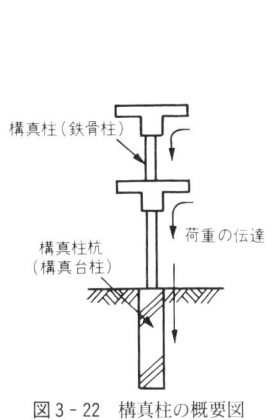

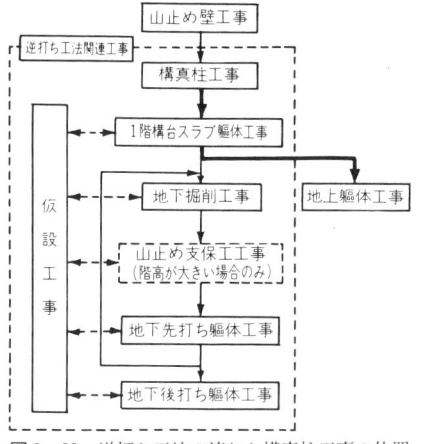

図3-22 構真柱の概要図

図3-23 逆打ち工法の流れと構真柱工事の位置付け

く，原設計が直接基礎等のような杭基礎がない場合には，仮設として現場造成杭を施工する必要も生じる。

また，構真柱の施工は，仮設構造物ではあるが施工中の躯体の重量他を支持するため，施工時の構造部材として，その施工品質確保が重要となる。

また，構真柱工事は図3-23に示すように全体工期の中でクリティカルな工程であり，施工にあたっては工程に遅延がないように綿密な施工計画を必要とする。

構真柱の建込み

構真柱の建込み方法には，杭コンクリートの打込みとの施工順序により，「後建て工法」「先建て工法」および2工法の中間的な工法である「コラム建て工法」がある。

先建て工法では，図3-24のように杭鉄筋かごの挿入後構真柱を建て込み，頭部と中間部で位置を決め，固定した後コンクリートを

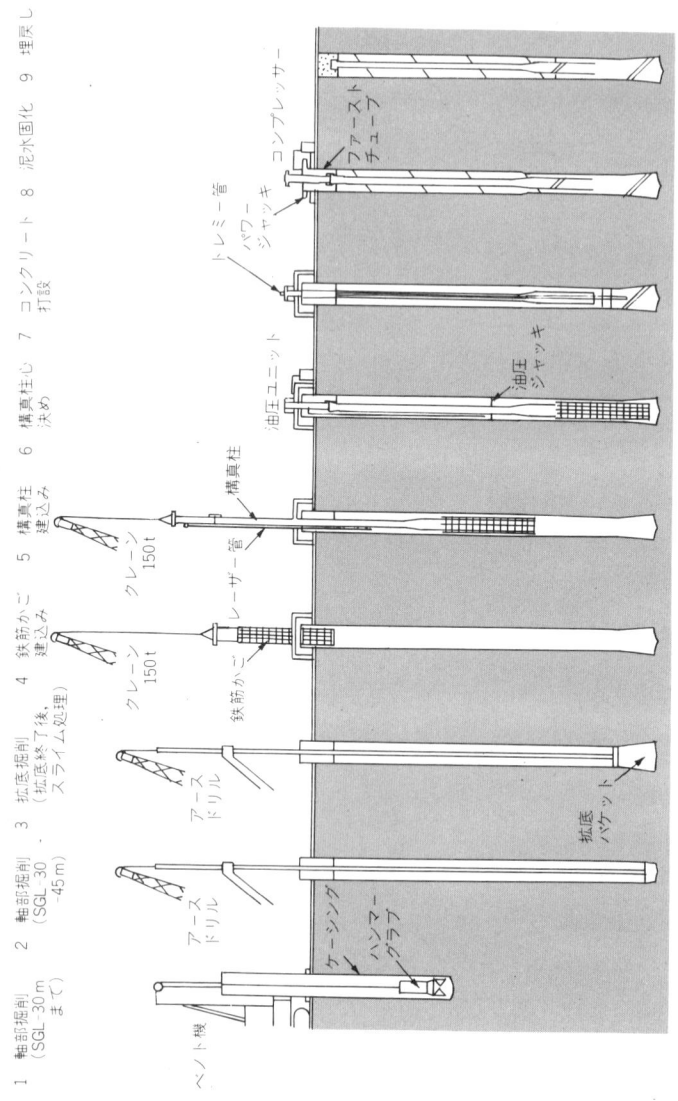

1 軸部掘削（SGL 30mまで） 2 軸部掘削（SGL-30～-45m） 3 拡底掘削（拡底終了後，スライム処理） 4 鉄筋かご建込み 5 構真柱建込み 6 構真柱心決め 7 コンクリート打設 8 泥水固化 9 埋戻し

図3-24 先鉄建て工法概要

打設する方法である。

この工法では，コンクリート打設前に構真柱を杭孔にセットするため，後建て工法のように建込み中にコンクリートが硬化して所定の位置に入らない危険性はない。

構真柱の建込み精度管理

〈要求精度〉

構真柱工事で求められる構真柱の建込み精度は通常は柱頭でのX・Y方向のずれの大きさ（mm）と，建込み角度で表示される。構真柱の建込み精度は高いほうがよいが，表3-8に示すように，その建物の地下構造形式や地下深さにより要求される精度が異なる。また，工程計画上構真柱が負担する軸力の大きさにも影響される。

〈精度管理方法〉

X・Y方向のずれおよびねじれ方向の精度計測には，構真柱の吊り降ろし時に，直交する2方向の柱心からトランシットにて構真柱心を視準してX・Y方向の垂直精度を計測する。また，建込み後もトランシットにて構真柱頭部を視準して建込み位置を計測する。また，建込み後は，従来の下げ振りや，レーザー発射器と受光器を利用した計測方法，水管等も利用されている。一方，構真柱の高さ精

表3-8 構真柱の建込み要求精度比較

支持機構	既製埋込み杭	現場造成杭		
建込み精度	1/300以下	1/300程度	1/500程度	1/800程度
負担軸力（1/m²）	100t程度	300t程度	500〜1,000t	1,000t以上
地下構造	RC	RC	RCまたはSRC	RCまたはSRC
地下深さ	10m程度 (33mmの誤差)	10m程度 (33mmの誤差)	20m程度 (40mmの誤差)	30m程度 (37.5mmの誤差)

図 3-25　構真柱組立て方法

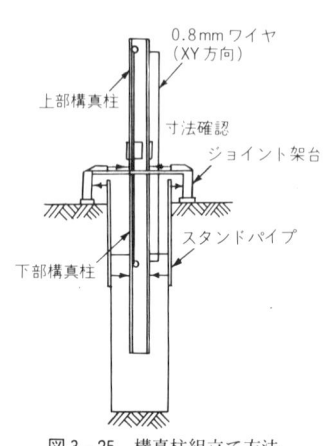

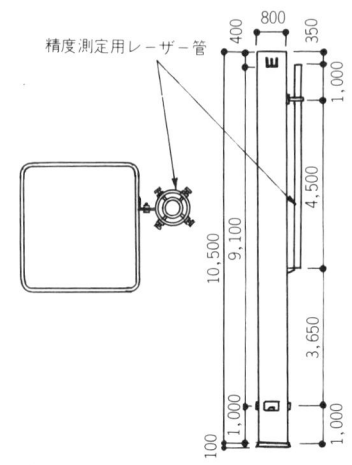

図 3-26　構真柱垂直精度計測用レーザー管取付け図

度計測はレベルによって行う。

また，建込み後の構真柱の垂直精度の微調整には，図 3-25 および図 3-26 に示すように構真柱に仮取付け油圧ジャッキや杭ケーシングに専用の油圧ジャッキを取り付け，精度調整が行われる。なお，図 3-27 に，構真柱施工管理のチェックシートの例を示す。

(3) 割栗地業の墨出し

割栗地業は，根切り底まで掘り進んだところで，基礎の位置を避けて木杭を打ち込み，根切り底より所定の距離 (20〜30cm) だけ上がった位置を墨出す。これを基にして根切りを進める。根切り底は，土質によっては転圧に伴い沈下するので，30mm 程度高い位置で掘削をやめ，転圧後，根切り底の位置に合うようにする。

やり方や，トランシットを使用して，根切り底に概略の基礎心位

杭NO.	杭符合.	構真柱長さ　　　m	構真柱重量　　　kg	施工日	記録者：
作　業　項　目		管　理　項　目	確　認　欄	備　　考	

	作業項目	管理項目	確認欄	備考
	構真柱建込み架台	地　墨　心　確　認		
		架　台　方　向　確　認		
		架　台　水　平　度　確　認		
コラム管セット	コラム管心合わせ	心ズレ確認　　　　　　　北(　) 　　　　　　　西─┼─東 　　　　　　　(　)　│　(　) 管理値　　　　　　　　　南(　) ±3mm以内		
	コラム管垂直度調整 （水管による）	垂直度確認　水管傾斜方向(下部の倒れ) 　　　　　　　北(　) 　　　　　　　西─┼─東 　　　　　　　(　)　│　(　) 　　　　　　　　　南(　) 管理値　　下部の倒れ ±0mm　　方向からジャッキ修正		
傾　斜　針　ゼ　ロ　設　定		構真柱心垂直度確認後ゼロ設定		
		心から　東西方向　　　　　　　mm のズレ　南北方向　　　　　　　mm		
構　真　柱　建　入　れ		構　真　柱　の　方　向　確　認		
構真柱セット	構真柱がコラム管に 隠れる直前の心ズレ	管理値　±3mm以内 構真柱　(東西方向)　　　　　mm 　　　　(南北方向)　　　　　mm ヤットコ　(東西方向)　　　　mm 　　　　　(南北方向)　　　　mm		
	天　端　レ　ベ　ル	管理値　0〜+3mm　　　　　mm		
	ジャッキセット後	管理値　±3mm以内 構真柱　(東西方向)　　　　　mm 　　　　(南北方向)　　　　　mm		
	傾　　　　　斜	傾斜管理値　1/500以内 　　　　(東西方向)　1/ 　　　　(南北方向)　1/		
埋戻し後		心ズレ確認　　　　　　　北(　) 　　　　　　　西─┼─東 　　　　　　　(　)　│　(　) 管理値　　　　　　　　　南(　) ±5mm以内		
	天　端　レ　ベ　ル	管理値　0〜+3mm　　　　　mm		

図3-27　構真柱施工管理チェックシート

置を出し木杭を打っておく。これにより地業の幅を出す。また，割栗石の天端墨を根切り底設定に使用した杭に打ち，これを基準に割栗石をこば立てに敷き並べた後，目つぶし砂利を敷き，ランマー等で突き固める。

（4） 捨コンクリート打設のための墨出し

小規模の場合

捨コンクリートの面積が比較的小さい場合は図3-28のように，根切り底の設定に使用した木杭に捨コンクリート天端墨を出し，10cm角程度の木材を堰板とし，角材上面を天端墨に合わせて枠組みした後木杭に固定する。これを定規に捨コンクリートを打設する。

大規模の場合

捨コンクリートの面積が大きい場合は，10cm角程度の木材であらかじめ所定の寸法に枠を組み，その上面に通り心位置を記しておく。トランシットを基準点に据え付け，枠に記した墨と通り心の位置が合うように視準し，正確にセットする。セットしたら移動しないよう固定する。型枠の内面には，レベルで捨コンクリート天端を

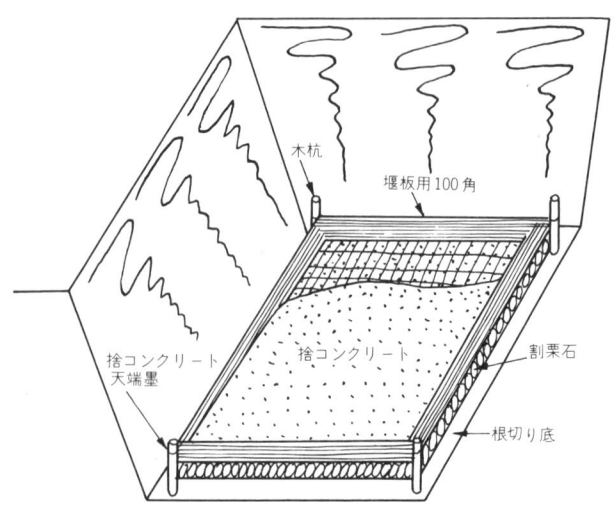

図3-28 つぼ掘りの場合の捨コンクリート打ちの墨出し

墨打ちし，釘等を打っておく。これを基に捨コンクリートを打設する。

3-4 基礎工事の墨出し

(1) 捨コンクリート面への墨出し

基礎工事を行うための基準の墨を，捨コンクリート面に記す。表3-9に，捨コンクリート面への通り心の墨出し方法を示す。

この通り心を基に鋼製巻尺で測定し，基礎幅の墨を打ち，柱心，壁心，地中梁幅，壁幅の墨を出す。図3-29にその例を示す。通常，墨が重なり合って判別しにくくなるので，塗料等で色付けし，墨のコーナーの表示を明確にする。

(2) 基礎鉄筋・型枠の組立てと墨出し

基礎幅墨に合わせてベース筋をセットした後，柱墨に合わせてフープをベース筋に結束し柱主筋を建て込む。2～3カ所フープで仮止めした後，下げ振りで建入れを修正し，柱主筋が動かないよう地足場と柱主筋に桟木をわたし，番線等で止める。

基礎鉄筋が組み終えたら配筋検査を行い，基礎型枠を組み立てる。組立て後はピアノ線を引き通し型枠の通りを修正し固定する。

(3) 基礎コンクリート打設と墨出し

基礎の天端をレベルとバカ棒を使用して型枠内面に出し，要所に釘打ちする。その要領を図3-30に示す。

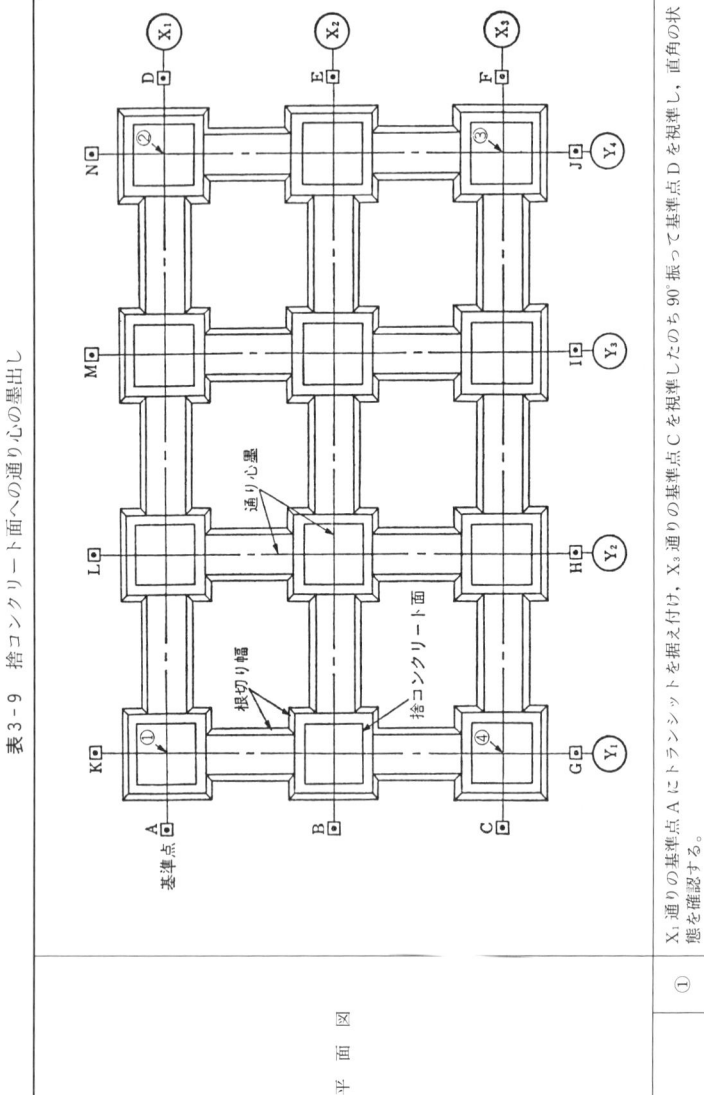

表3-9 捨コンクリート面への通り心の墨出し

| 平面図 | ① | X_1通りの基準点Aにトランシットを据え付け、X_3通りの基準点Cを視準したのち90°振って基準点Dを視準し、直角の状態を確認する。 |

手順	②	捨コンクリート面に定規をあて、トランシットにより規準し合致した所に墨で記す。これをX_1通りすべてで行う。X_1通りの通り心が求められたら基準点Dを規準し、測定に誤りがないか確認する。X_2、X_3通りも同様に行う。
	③	各測定点を結んで墨を打ち、通り心墨とする。
	④	Y_1～Y_4通りについても同様に行い通り心墨を出す。
	⑤	①～④のポイントにトランシットを据え付けて直角かどうかを確認する。

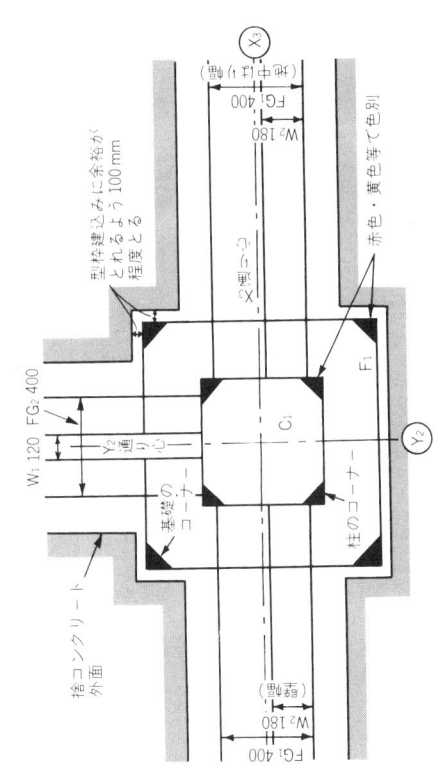

図3-29 捨コンクリート面への各種墨出し

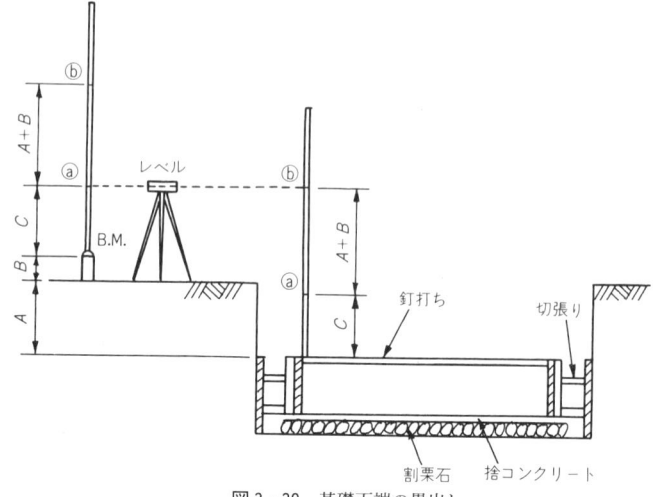

図3-30 基礎天端の墨出し

① レベルでベンチマーク上のバカ棒を視準する。ⓐに墨打ちする。
② ⓐよりベンチマークから基礎天端までの距離A+Bをバカ棒に墨打ちするⓑ。
③ 基礎型枠の内側にそのバカ棒を移し,レベルでⓑを視準する。
④ ⓑを視準した状態でバカ棒の下端の位置を型枠内に墨出しする。
⑤ 要所に基礎天端を示す釘を打つ。

3-5 軀体工事の墨出し

(1) 鉄骨工事の墨出し

アンカーボルトの墨出し

アンカーボルトの形状および固定方法は,構造耐力負担の有無,作業性等によって異なる。ここでは,構造耐力を負担するアンカーボルトの例として鋼製フレーム固定法,負担しない建方用アンカーボルトの例として型枠固定法を例に説明する。

(a) 鋼製フレーム固定法

柱脚基礎の鉄筋・型枠工事の前に、アンカーボルト固定用の鋼製フレームを設置する。鋼製フレームには通り心または柱心の墨出しをしておき、捨コンクリート面の通り心または柱心に合わせる。また、捨コンクリート面の高さをあらかじめ計測しておき、それを基準に鋼製フレームの高さを合わせる。捨コンクリート面に打ったアンカーに溶接する等の方法により固定する。図3‑31に一連の要領を示す。

(b) 型枠固定法

　柱脚基礎の鉄筋・型枠工事の後に、型枠上端にトランシットを用いて通り心または柱心を墨出しする。アンカーボルトの据付けにはベースプレートの型板（テンプレート）を用いる。テンプレートには通り心または柱心の墨出しを行い、アンカーボルトの孔を正確に開けておく。このテンプレートの墨と型枠上端の墨を合わせ、型枠天端レベルを基準に高さを調整する。コンクリート打設時に移動しないよう桟木等で固定する。なお、構造耐力を負担しない建方用アンカーボルトの場合には、ある程度の台直しが可能なため、ラッパ状の発泡スチロール部材を取り付けておく場合もある。図3‑32に一連の要領を示す。

基礎天端の墨出し

　打設した基礎コンクリートが硬化した後、基礎天端に通り心を出す。一端の基準点にトランシットを据え付けて整準した後、もう一方の基準点を視準し、90°トランシットを振って直交方向の基準点を視準し、誤差のないことを確認する。その後、各柱心近辺で通り心を視準し、墨付けする。この視準点を結んで墨を打つ。次にトランシットを移動し、いま出した通り心墨と直交方向の通り心を同様の手順で出す。通り心の交点から鋼製巻尺を張り、柱心位置を測定

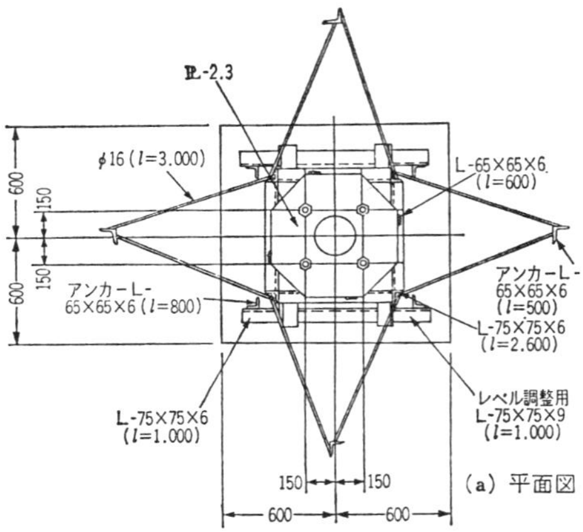

作業手順
① 深礎コンクリート打設後，適当な時期にアンクル-65×65×6を8本埋め込む
② 通り心を深礎に，レベル墨を埋め込みアンクルに出す
③ レベル調整用アンクルを溶接にて取り付ける
④ 工場製作したフレームをレベル調整用アンクルの上にレッカー車でのせ墨に合わせて調整し，下部を仮止めする
⑤ 下げ振りで上部の建入れを調整し，φ16のロッドで控えを取り，下部を本溶接して止める
⑥ フレーム最上部のアンクル上に通り心をけがく
⑦ ボルト，アンカーフレーム，プレートを取り付ける。プレートの心墨と通り心の墨を合わせてアンクルに仮付けする
⑧ 下げ振りでボルト上部の建入れを調整し，アンカーフレームを中間のアンクルに固定溶接する。最上部のナットを締める
⑨ フレーム最上部に通し最上部のナットを締める，マットスラブ打設し，再度最上部に通る心墨を出し，微調整する
⑩ B2Fスラブまで打設した後上部に出ているアンクルを切断する
⑪ レベル調整用ナットの上にプレート（120×150）をのせレベルを調整した後，ナットとプレートを溶接し固定する（c参照）

図-2.3

(a) 平面図

第3章　各工事の墨出し　87

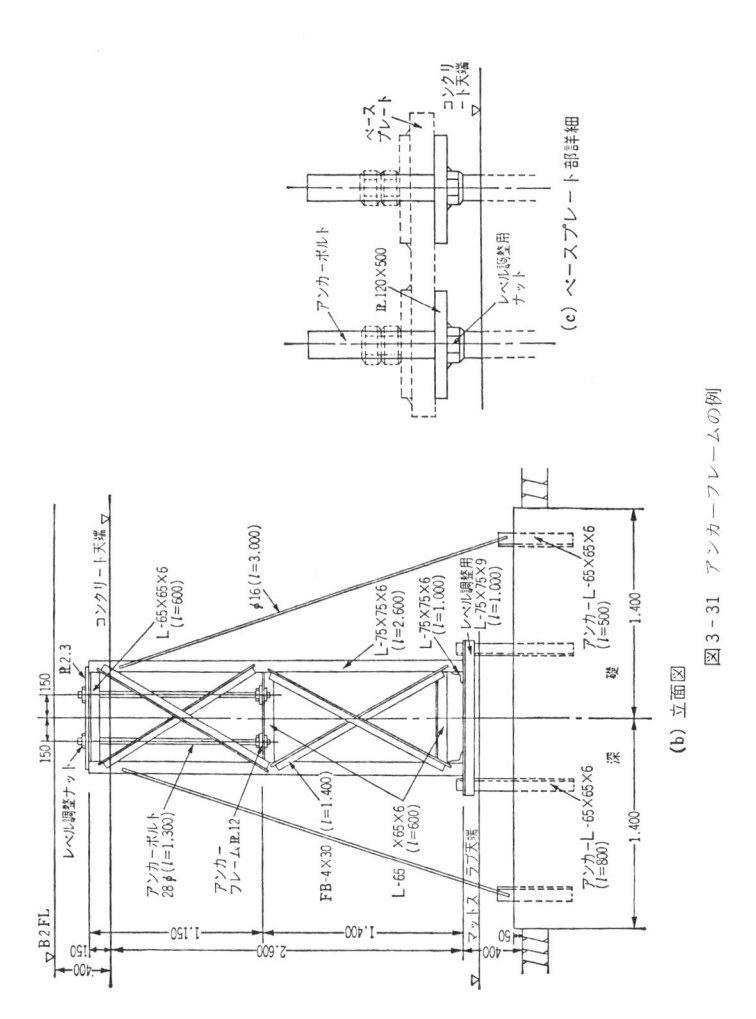

図 3-31　アンカーフレームの例

表3-10 アンカーボルト関連の精度規準

名　称	図		管理許容差	限界許容差
(3) 通り心とアンカーボルトの位置のずれ e	通り心 $a\pm e$	構造耐力上主要な部分/負担用	$-3\,\text{mm} \leqq e \leqq +3\,\text{mm}$	$-5\,\text{mm} \leqq e \leqq +5\,\text{mm}$
		建方用	$-5\,\text{mm} \leqq e \leqq +5\,\text{mm}$	$-8\,\text{mm} \leqq e \leqq +8\,\text{mm}$
(4) 柱据付け面の高さ ΔH	標準高さ $H+\Delta H$ ベースモルタル		$-3\,\text{mm} \leqq H \leqq +3\,\text{mm}$	$-5\,\text{mm} \leqq H \leqq +5\,\text{mm}$

出典：日本建築学会『鉄骨工事技術指針　工事現場施工編』

し，墨付けし，対角線長さの計測などの方法で各柱心の位置の精度を確かめる。

次に柱の心墨にテンプレートをあてて，アンカーボルトの位置の誤差をチェックし，型板が支障なく入るように台直しする。

なお，日本建築学会で定めたアンカーボルト関連の精度規準を表3-10に示す。

ベースモルタルのレベル

アンカーボルトとベースプレートとの納まりには，表3-11に示す方法がある。全面後詰め工法以外では，柱鉄骨建方前に施工するベースモルタルで柱鉄骨の荷重を受けるので，ベースモルタルの施工精度で柱鉄骨レベルが決定する。特に全面塗り仕上工法の場合，柱の建入れ精度にも大きく影響するので，精度よくベースモルタルを施工することが必要である。ベースモルタルの施工はあらかじめアンカーボルトに墨出しを行っておき，それに合わせて高さを調整する。また施工中にレベルで基準墨から確認する。

なお，日本建築学会では「柱据付け面の高さ」の管理許容差を±3mm以内，限界許容差を±5mm以内としている。

第3章 各工事の墨出し

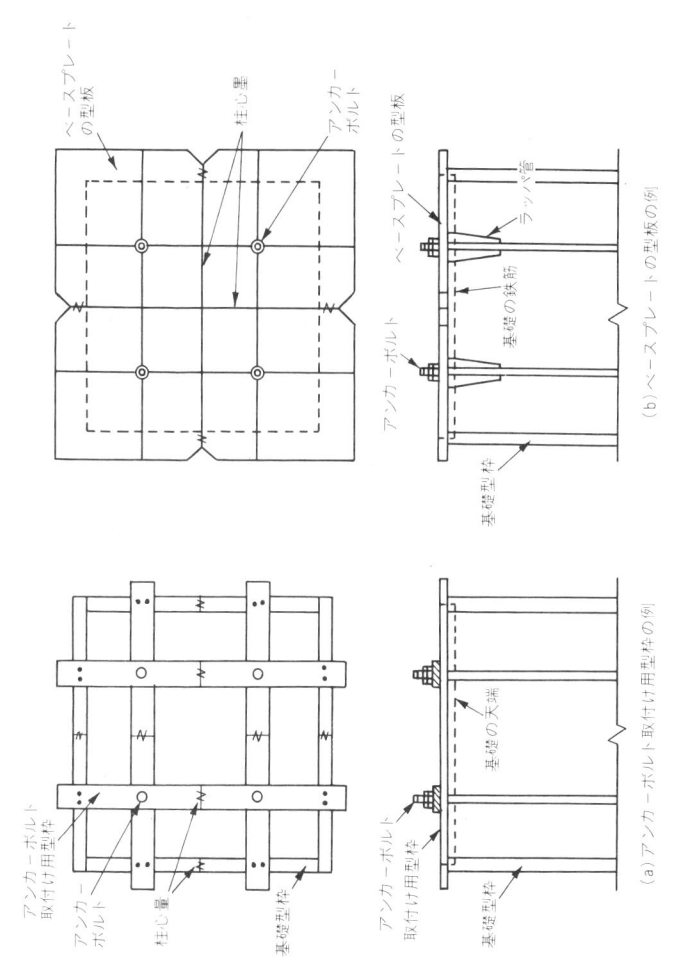

(a) アンカーボルト取付け用型枠の例

(b) ベースプレートの型板の例

図3-32 アンカーボルト設置用治具の取付け

表3-11 ベースプレート下面のモルタル工法

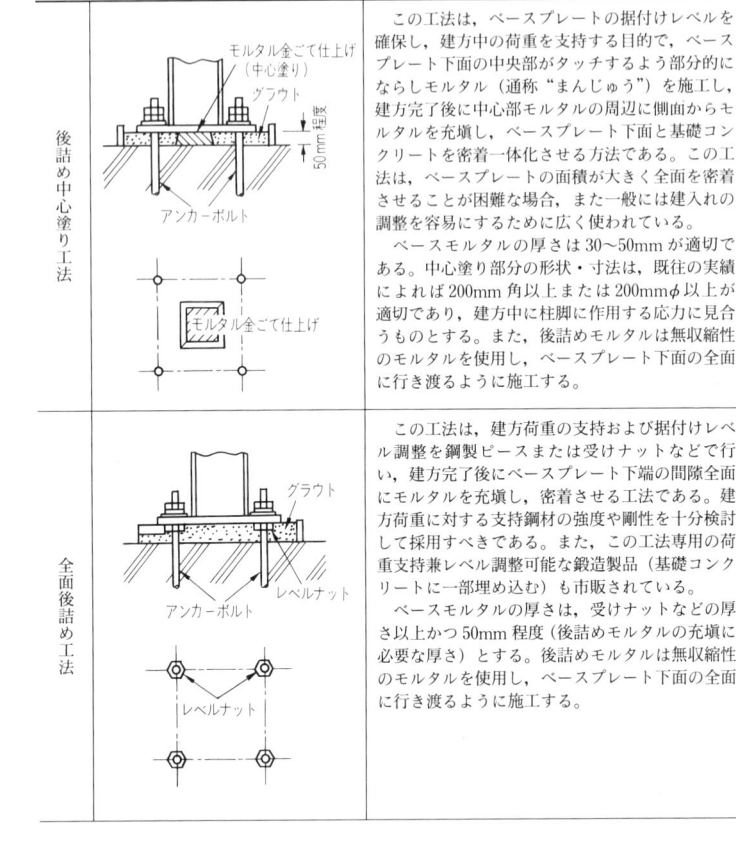

後詰め中心塗り工法	(図：モルタル全ごて仕上げ（中心塗り）、グラウト、50mm程度、アンカーボルト／モルタル全ごて仕上げ)	この工法は、ベースプレートの据付けレベルを確保し、建方中の荷重を支持する目的で、ベースプレート下面の中央部がタッチするよう部分的にならしモルタル（通称"まんじゅう"）を施工し、建方完了後に中心部モルタルの周辺に側面からモルタルを充填し、ベースプレート下面と基礎コンクリートを密着一体化させる方法である。この工法は、ベースプレートの面積が大きく全面を密着させることが困難な場合、また一般には建入れの調整を容易にするために広く使われている。 　ベースモルタルの厚さは30～50mmが適切である。中心塗り部分の形状・寸法は、既往の実績によれば200mm角以上または200mmϕ以上が適切であり、建方中に柱脚に作用する応力に見合うものとする。また、後詰めモルタルは無収縮性のモルタルを使用し、ベースプレート下面の全面に行き渡るように施工する。
全面後詰め工法	(図：グラウト、アンカーボルト、レベルナット／レベルナット)	この工法は、建方荷重の支持および据付けレベル調整を鋼製ピースまたは受けナットなどで行い、建方完了後にベースプレート下端の間隙全面にモルタルを充填し、密着させる工法である。建方荷重に対する支持鋼材の強度や剛性を十分検討して採用すべきである。また、この工法専用の荷重支持兼レベル調整可能な鍛造製品（基礎コンクリートに一部埋め込む）も市販されている。 　ベースモルタルの厚さは、受けナットなどの厚さ以上かつ50mm程度（後詰めモルタルの充填に必要な厚さ）とする。後詰めモルタルは無収縮性のモルタルを使用し、ベースプレート下面の全面に行き渡るように施工する。

表 3-11　（つづき）

(図: 全面塗仕上げ工法) >25mmかつベースプレート厚以上、モルタル金ごて仕上げ（全面）、30mm、アンカーボルト、モルタル金ごて仕上げ	この工法は，ベースプレート全面が密着できるよう，あらかじめモルタルを金ごてを用いて平滑に仕上げておき，ベースプレートを直接硬化したモルタル上にセットさせる方法である。ベースプレート下面を密着させるには，モルタルの平滑な仕上げとともにベースプレート自体が平滑でなければならない。しかし，既往の実状調査によれば，モルタルの不陸の程度は，入念な仕上げで±3mm通常±5mm程度の誤差の報告例があり，ベースプレートの平滑度は，±2〜0.5mm程度の誤差が報告されている。この工法は高い精度が要求されるが，実状を考慮すると採用には慎重な態度でのぞまなければならない。また，この工法で隙間が生じたときの対策を，その程度に応じて検討しておく必要がある。やむをえず隙間が生じた場合は，モルタル系グラウト材を圧入するのも一つの方法である。

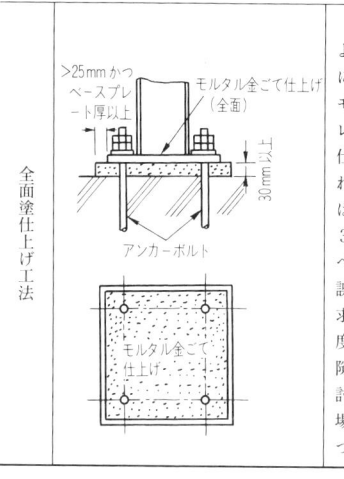

鉄骨建方の精度管理と墨出し

鉄骨は素材，製品加工の製造段階で許容寸法公差が定められている。それぞれの例を表 3-12 に示す。しかし，製造段階で単品として許容差内に入るものでも，高層建築のように節数の多い場合，また工場建築のようにスパン数の多い場合には，建方による累積誤差が大きくなったり，現場溶接による縮みの累積が大きくなったりするので，現場施工の段階での精度管理が重要となる。

なお，日本建築学会では，工事現場における精度管理について表 3-13 のように規定している。

(a)　累積精度

鉄骨を何節か組み立てると，各節の誤差が許容範囲内にあっても，累積させることにより誤差が大きくなることがあるので，あらかじめ調整節を定めておき，所定以上の誤差を生じた場合は調整する。図 3-33 に誤差修正のフローチャートを示す。

表3-12 許容寸法公差①

名称	図	管理許容差	限界許容差	測定器具	測定方法
(1) 梁の長さ ΔL	(図：$L+\Delta L$、溶接接合)	$-3\,mm \leq \Delta L \leq 3\,mm$	$-5\,mm \leq \Delta L \leq 5\,mm$	JIS 1級鋼製巻尺 金属製角度直尺 直角定規 孔心間測定用治具	1) 長さが10m以上のものの測定は原則として5kgfの張力をかけて行う。10m未満のものは手ばなしでよい。 2) 測定位置は原則としてフランジまたはウェブ部材両端第1孔心間とする。
(2) 柱の長さ ΔL	(図：$L+\Delta L$、ボルト接合／溶接接合)	$L<10\,m$ $-3\,mm \leq \Delta L \leq 3\,mm$ $L\geq 10\,m$ $-4\,mm \leq \Delta L \leq 4\,mm$	$L<10\,m$ $-5\,mm \leq \Delta L \leq 5\,mm$ $L\geq 10\,m$ $-6\,mm \leq \Delta L \leq 6\,mm$	JIS 1級鋼製巻尺 金属製角度直尺 直角定規 孔心間測定用治具	1) 長さが10m以上のものの測定は原則として5kgfの張力をかけて行う。10m未満のものは手ばなしでよい。 2) 測定位置は注意の1節とし、鋼製巻尺各柱のフランジごとにあわせ、ボルト接合の場合は両端部は第1孔心間、溶接接合の場合は両端面間とする。なお、1節の柱脚間はベースプレート下面とする。 3) 高力ボルト接合でもメタルタッチの柱は、柱頭柱脚部の両端面間とする。
(3) 階高 ΔL	(図：$L+\Delta L$、溶接接合)	$-3\,mm \leq \Delta L \leq 3\,mm$	$-5\,mm \leq \Delta L \leq 5\,mm$	JIS 1級鋼製巻尺 金属製角度直尺 直角定規 孔心間測定用治具	1) 測定位置は仕口が取り付いているすべての面について行う。 2) 柱脚部から最初の仕口までの階高は、ベースプレートの下面（無収縮モルタル接合）または柱脚部端面（溶接接合）から仕口元端のフランジ上面間とする。 3) 一般の階高は、仕口元端フランジ上面間とする。 4) 最上部の仕口から柱頭までの階高は、仕口元端の上フランジ上面から、ボルト接合の場合は柱頭第1孔心まで、溶接接合の場合は材端までとする。

出典：日本建築学会『鉄骨精度測定指針』

第3章 各工事の墨出し

表3-12 許容寸法公差②

名 称	図	管理許容差	限界許容差	測定器具	測 定 方 法
(4) 梁の曲がり e		$e \leq \dfrac{L}{1,000}$ かつ $e \leq 5\,\text{mm}$	$e \leq 1.5\dfrac{L}{1,000}$ かつ $e \leq 15\,\text{mm}$	ピアノ線またはは水糸 レベル コンベック スルール 金属製直尺	1) 目視でも判別できるか、測定する場合は梁幅の2方向について行う。 2) 梁せい方向の曲がりは、部材を横に寝かせてフランジ端面にピアノ線または水糸をあらかじめはって張り、部材中央部を金属製直尺などで測定する。梁幅方向は部材を立ててで同じ方法で測定する。
(5) 柱の曲がり e		$e \leq \dfrac{L}{1,500}$ かつ $e \leq 5\,\text{mm}$	$e \leq \dfrac{L}{1,000}$ かつ $e \leq 8\,\text{mm}$	ピアノ線または水糸 レベル コンベック スルール 金属製直尺	1) 測定はX、Y軸の2面について行う。 2) 柱頭・柱脚のフランジ面から距離を隔ててピアノ線または水糸を張り、柱中央部を金属製直尺で測定する。 3) 柱頭と柱脚を基準点とし、柱中央部をレベルで測定する。
(6) せい ΔH		$H<800\,\text{mm}$ $-2\,\text{mm} \leq \Delta H \leq +2\,\text{mm}$ $H\geq 800\,\text{mm}$ $-3\,\text{mm} \leq \Delta H \leq +3\,\text{mm}$	$H<800\,\text{mm}$ $-3\,\text{mm} \leq \Delta H \leq +3\,\text{mm}$ $H\geq 800\,\text{mm}$ $-4\,\text{mm} \leq \Delta H \leq +4\,\text{mm}$	JIS1級鋼製巻尺 コンベック スルール 金属製直尺	1) 部材両端のウェブ位置でフランジ背面を測定する。 2) 山形断面では、相対するフランジ・ウェブのそれぞれの△印位置間を測定する。

出典:日本建築学会『鉄骨精度測定指針』

表 3 - 12　許容寸法公差 ③

名称	図	管理許容差	限界許容差	測定器具	測定方法
(7) 幅 ΔB		$-2\,\text{mm} \leq \Delta B \leq +2\,\text{mm}$	$-3\,\text{mm} \leq \Delta B \leq +3\,\text{mm}$	コンベックススルール金属製直角度直尺金属製直尺	両端部および断面変化部を測定する．
(8) 箱形断面の直角度 e		接合部 $e \leq \dfrac{H}{100}$ かつ $e \leq 2\,\text{mm}$ 一般部 $e \leq \dfrac{2H}{100}$ かつ $e \leq 4\,\text{mm}$	接合部 $e \leq \dfrac{3H}{200}$ かつ $e \leq 3\,\text{mm}$ 一般部 $e \leq \dfrac{3H}{100}$ かつ $e \leq 6\,\text{mm}$	直角定規隙間ゲージ金属製直角度直尺	ウェブを基準にして金属製直角尺を当て，図のようにフランジとの隙間を隙間ゲージで測定する．
(9) H形断面の直角度 e		接合部 $e \leq \dfrac{b}{100}$ かつ $e \leq 1.0\,\text{mm}$ 一般部 $e \leq \dfrac{2b}{100}$ かつ $e \leq 2\,\text{mm}$	接合部 $e \leq \dfrac{3b}{200}$ かつ $e \leq 1.5\,\text{mm}$ 一般部 $e \leq \dfrac{3b}{100}$ かつ $e \leq 3\,\text{mm}$	直角定規隙間ゲージ金属製直角度直尺治具	ウェブを基準にして治具を当て，フランジとの隙間を隙間ゲージで測定する．
(10) ウェブのいずれ e		$e \leq 2\,\text{mm}$	$e \leq 3\,\text{mm}$	コンベックススルールノギス金属製直尺	ウェブ中心線・フランジ幅中心線を付けがき，ズレをまたはコンベックススルールで測定する．
(11) ウェブの曲がり e		$e_1 \leq \dfrac{H}{150}$ かつ $e_1 \leq 4\,\text{mm}$ $e_2 \leq \dfrac{B}{150}$ かつ $e_2 \leq 4\,\text{mm}$ ただし，$t \leq 6$ には適用しない．	$e_1 \leq \dfrac{H}{100}$ かつ $e_1 \leq 6\,\text{mm}$ $e_2 \leq \dfrac{B}{100}$ かつ $e_2 \leq 6\,\text{mm}$ ただし，$t \leq 6$ には適用しない．	金属製直尺隙間ゲージ	ウェブ面に金属製直尺を当て，ウェブとの間の隙間を隙間ゲージで測定する．

出典：日本建築学会『鉄骨精度測定指針』

第3章 各工事の墨出し

表3-12 許容寸法公差④

名称	図	管理許容差	限界許容差	測定器具	測定方法
(12) 仕口部の角度 e	(立面図：上下フランジ、e_3：上下フランジの相対差平面)	$e_1, e_2 \leq \dfrac{L}{300}$ かつ $e_1, e_2 \leq 3\text{mm}$ $e_3 \leq 4\text{mm}$	$e_1, e_2 \leq \dfrac{L}{200}$ かつ $e_1, e_2 \leq 5\text{mm}$ $e_3 \leq 6\text{mm}$	直角定規 隙間ゲージ ピアノ線まては糸 金属製角度直尺 コンベックス スルーレ	柱面フランジ表面に直角定規を当て、仕口元端の溶接ビードを避けて固定し、図の a および b を隙間ゲージで測定する。 $e_1 = |a-b|$
(13) 仕口部の長さ e		$-3\text{mm} \leq \Delta L \leq +3\text{mm}$	$-5\text{mm} \leq \Delta L \leq +5\text{mm}$	コンベックス スルーレ 金属製直尺 孔心間測定用治具	金属製直尺をウェブ面に当て、仕口先端の第1孔心までの寸法を測定する。
(14) 柱のねじれ δ		$\delta \leq \dfrac{6H}{1,000}$ かつ $\delta \leq 5\text{mm}$	$\delta \leq \dfrac{9H}{1,000}$ かつ $\delta \leq 8\text{mm}$	下げ振り コンベックス スルーレ 金属製直尺	検査台上に柱を置き、柱両端にて下げ振りを取り付け、コンベックススルーレでねじれ量を測定する。両端のねじれ量の差が求めるねじれ量となる。
(15) メタルタッチ e		$e \leq \dfrac{1.5H}{1,000}$	$e \leq \dfrac{2.5H}{1,000}$	直角定規 隙間ゲージ 金属製角度直尺	直角定規を部材面に当て、メタルタッチ面と直角定規との間に生じた隙間を隙間ゲージで測定する。
(16) ベースプレートの折れおよび凹凸 e		$e \leq 2\text{mm}$	$e \leq 3\text{mm}$	金属製直尺 隙間ゲージ	金属製直尺をベースプレート下面に金属製直尺を当て、ベースプレートとの間の隙間を隙間ゲージで測定する。

出典：日本建築学会『鉄骨精度測定指針』

表3-13 骨組の精度に関する精度検査基準の抜粋①

名称	図	管理許容差	限界許容差	測定器具	測定方法
(1) 建物の倒れ e		$e \leq \dfrac{H}{4,000}+7\,\mathrm{mm}$ かつ $e \leq 30\,\mathrm{mm}$	$e \leq \dfrac{H}{2,500}+10\,\mathrm{mm}$ かつ $e \leq 50\,\mathrm{mm}$	ピアノ線 鋼製巻尺 金属製直尺	柱の各節の倒れより算出する。
(2) 建物のわん曲 e		$e \leq \dfrac{L}{4,000}$ かつ $e \leq 20\,\mathrm{mm}$	$e \leq \dfrac{L}{2,500}$ かつ $e \leq 25\,\mathrm{mm}$		凹凸の柱など、あらかじめ決められた基準柱との出入りを測定して、その値より算出する
(4) 柱据付け面の高さ ΔH		$-3\,\mathrm{mm} \leq \Delta H \leq +3\,\mathrm{mm}$	$-5\,\mathrm{mm} \leq \Delta H \leq +5\,\mathrm{mm}$	レベル レーザーレベル スタッフ (バカ棒)	レベルを使用して、各社ごとに4カ所以上測定する。

出典:日本建築学会『鉄骨精度測定指針』

第3章 各工事の墨出し　97

表3-13　骨組の精度に関する精度検査基準の抜粋②

名称	図	管理許容差	限界許容差	用測定器具	測定方法
(5) 工事現場継手階の階高 ΔH		$-5mm \leq \Delta H \leq +5mm$	$-8mm \leq \Delta H \leq +8mm$	レベル 鋼製巻尺 (はねばかり)	レベルで柱に基準点を取り、AとBの寸法を鋼製巻尺で測定する。 $H = A + B$
(6) 梁の水平度 e		$e \leq \dfrac{L}{1,000} + 3mm$ かつ $e \leq 10mm$	$e \leq \dfrac{L}{700} + 5mm$ かつ $e \leq 15mm$	レベル 鋼製巻尺 スタッフ (バカ棒)	レベルでAとBの梁の高さを測定する。 $e = B - A$

出典：日本建築学会『鉄骨精度測定指針』

表3-13 骨組の精度に関する精度検査基準の抜粋③

名称	図	管理許容差	限界許容差	測定器具	測定方法
(7) 柱の倒れ e		$e \leq \dfrac{H}{1,000}$ かつ $e \leq 10\,\text{mm}$	$e \leq \dfrac{H}{700}$ かつ $e \leq 15\,\text{mm}$	鉛直トランシット ターゲット レーザー鉛直器 光学鉛直器 鋼製巻尺 金属製直尺	方法A(下げ振り法) 方法B(トランシット法)

出典:日本建築学会『鉄骨精度測定指針』

第3章 各工事の墨出し　99

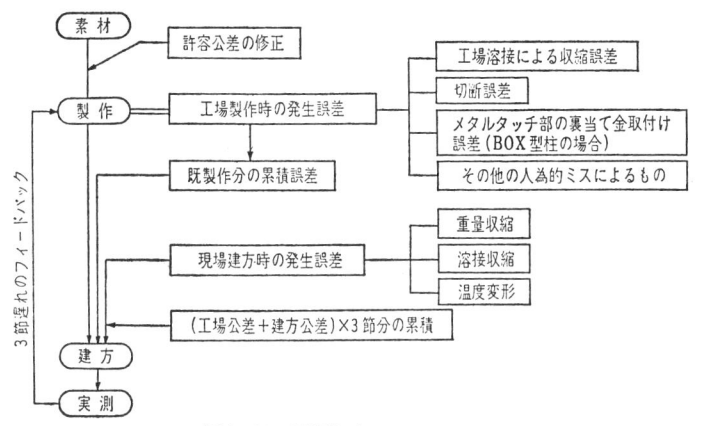

```
素材 ──┐
       │── 許容公差の修正
       ↓
製作 ──┬── 工場製作時の発生誤差 ──┬── 工場溶接による収縮誤差
       │                          ├── 切断誤差
       │                          ├── メタルタッチ部の裏当て金取付け誤差（BOX型柱の場合）
       │                          └── その他の人為的ミスによるもの
       │
       ├── 既製作分の累積誤差
       │
       ├── 現場建方時の発生誤差 ──┬── 重量収縮
       │                          ├── 溶接収縮
       │                          └── 温度変形
       │
       └──（工場公差＋建方公差）×3節分の累積
       ↓
建方
       ↓
実測

3節遅れのフィードバック
```

図3-33　誤差修正フローチャート

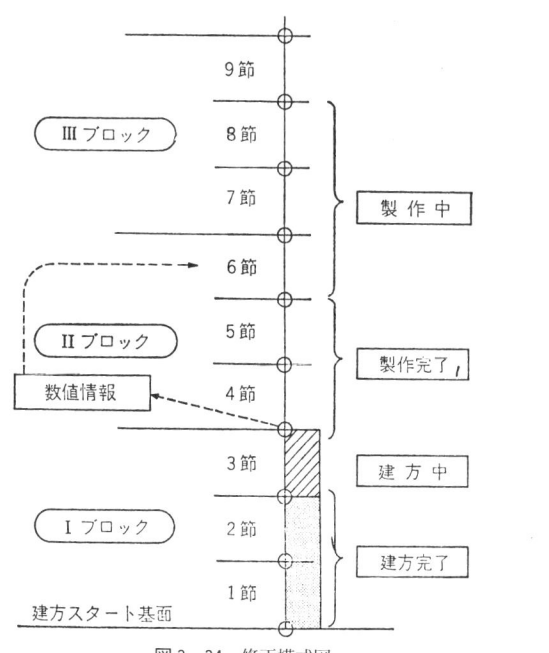

```
                9節
   Ⅲブロック    8節      ┐
                7節      │ 製作中
                6節  ←──┘
   Ⅱブロック    5節      ┐
                         │ 製作完了
  数値情報 ----- 4節  ────┘
                3節  ▨   ┐ 建方中
   Ⅰブロック    2節      │ 建方完了
                1節      ┘
建方スタート基面
```

図3-34　修正模式図

修正方法は，その節までの設計寸法との差異を測定し，次節以降で修正するものである．図3-34に修正の模式図を示す．

(b) 建入れ精度

〈精度規準〉

鉄骨の建入れ精度については，日本建築学会では，表3-13「(1)建

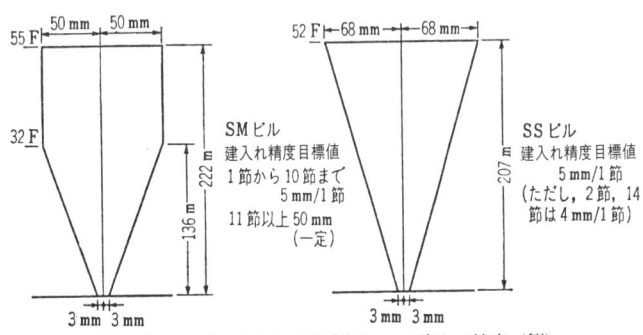

図3-35 わが国における超高層ビルの建入れ精度（例）

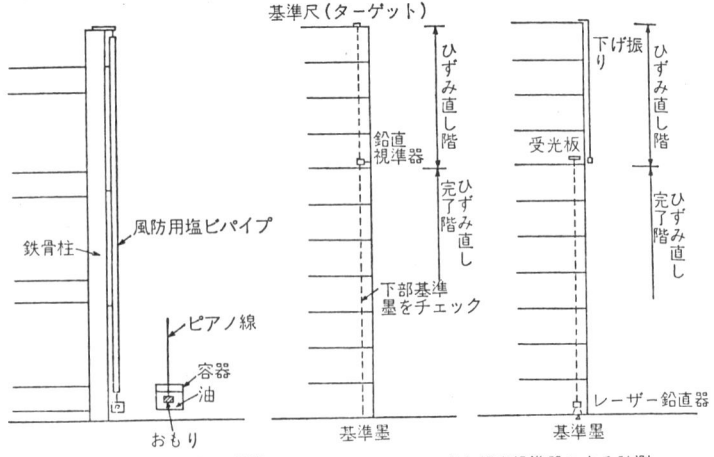

(a) 下げ振りによる計測　　　　(b) 鉛直視準器による計測

図3-36 建入れ精度の計測

第3章 各工事の墨出し　101

物の倒れ」に示す許容差が規定されている。しかし，超高層建築の場合，この規準のみに準拠するのではなく，図3-35に示す建入れ精度が採用されている。

〈建入れ直しの方法〉

建入れ直しは，建方誤差を小さくするため，柱の位置，倒れ等を修正し，建方精度を確保するために実施するもので，各節ごとに行う。計測方法は図3-36に示すように下げ振りによる計測，鉛直視準器による計測のほか，光波測定器による計測などがある。建入れ直し方法としては図3-37に示す建入れ直しワイヤーによる方法が

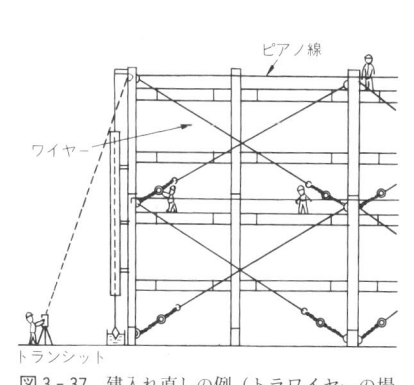

図3-37 建入れ直しの例（トラワイヤーの場合）

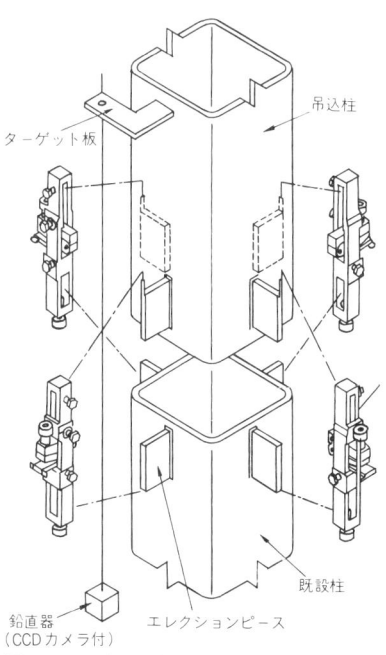

図3-38 建入れ直しの例（治具を用いる場合）

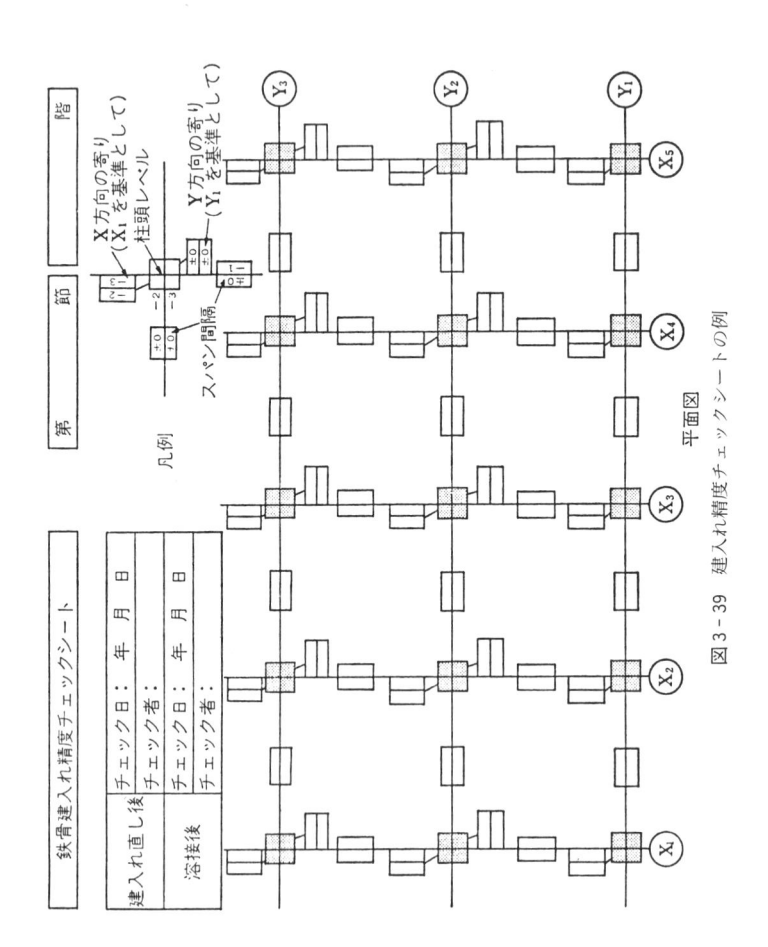

図 3-39 建入れ精度チェックシートの例

一般的であるが,図3-38に示すエレクションピースに建入れ直し用治具を取り付ける方法もある。

なお,鉄骨建方の精度関係の測定結果は図3-39に示すようなチェックシートを作成し精度管理を行うとよい。

鉄骨建方の測量システム

(a) ドーム建築の鉄骨建方 (図3-40)

ドーム建築における屋根鉄骨の建方は,仮設の支柱を建て,この頂部を計測して,所定の位置に合わせて鉄骨部材を吊り込んで接合するのが一般的である。

しかし,既存球場にドーム屋根を架ける場合は階段状の観客席が存在しており,その上に大荷重を支える支柱を建てることは不可能である。このため新たに開発されたのが,外周部に新たに設置した柱を基点に内側に向かって鉄骨を空中に迫り出す工法である。

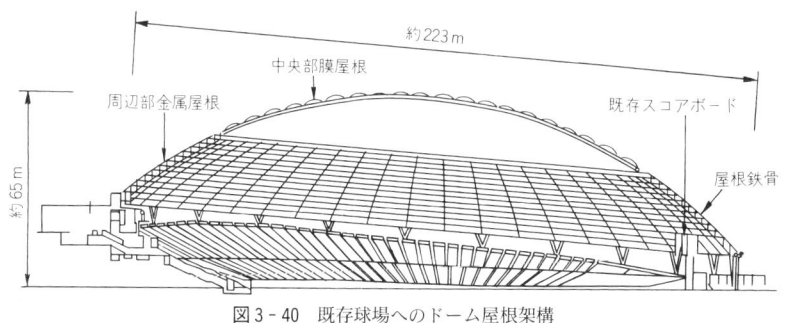

図3-40 既存球場へのドーム屋根架構

(b) システム概要 (図3-41)

このシステムは,汎地球測位システム (GPS) を使用して建方途中の鉄骨の位置を自動計測し,正規の位置に誘導するものである。具体的には鉄骨に設定したプリズムを,ドーム中央に設置したレーザー測量器が自動追尾し,現状位置と設計位置とのずれを瞬時に計

図 3-41 システム概念

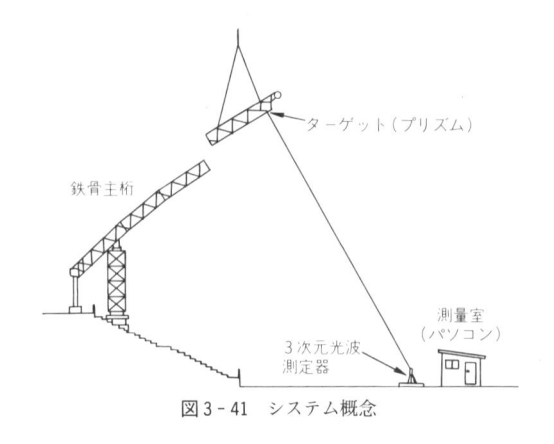

算して，鉄骨を設計位置に誘導するシステムである。

本システムの特徴は以下のとおりである。

① 建方途中の鉄骨の位置を迅速かつ正確（±3mm）に計測することができる
② 鉄骨の位置を計測し，設計位置まで誘導することで支柱なしでの建方が可能となる
③ 従来のベントを用いた鉄骨建方は，施工後に設計位置とのずれを修正する歪み直し作業が必要であったが，この作業を省略することが可能である
④ リアルタイムに屋根の出来形を求めることが可能で，次のステップへのフィードバックが迅速にできる

(2) 鉄筋コンクリート工事の墨出し

基準墨出し

鉄筋コンクリート工事の基準となる墨出しは，心墨出しおよび返り墨出しから始まり，柱の幅墨，壁開口部の心墨出しへと進み，そ

第3章 各工事の墨出し　105

れぞれ床コンクリート面へ出されていく。床面は、墨出しに先立ち、ほうきで掃除し、ごみや砂等を取り除いておく。

(a) 心墨，返り墨出し

墨出しの要領を，図3-42により説明する。基準点Aにトランシットを据え，基準点Cを視準した後，墨打ちに適した測点（図3-42では＊印の位置）に図3-43に示す視準定規を置き，トランシットで視準して墨付けする。なお，測点の間隔は長すぎると墨付ちの際，波打ちを起こし不正確となるので3m程度とする。X_1通り上で求めた測点を結んで墨打ちし，トランシットの望遠鏡の十字線と通

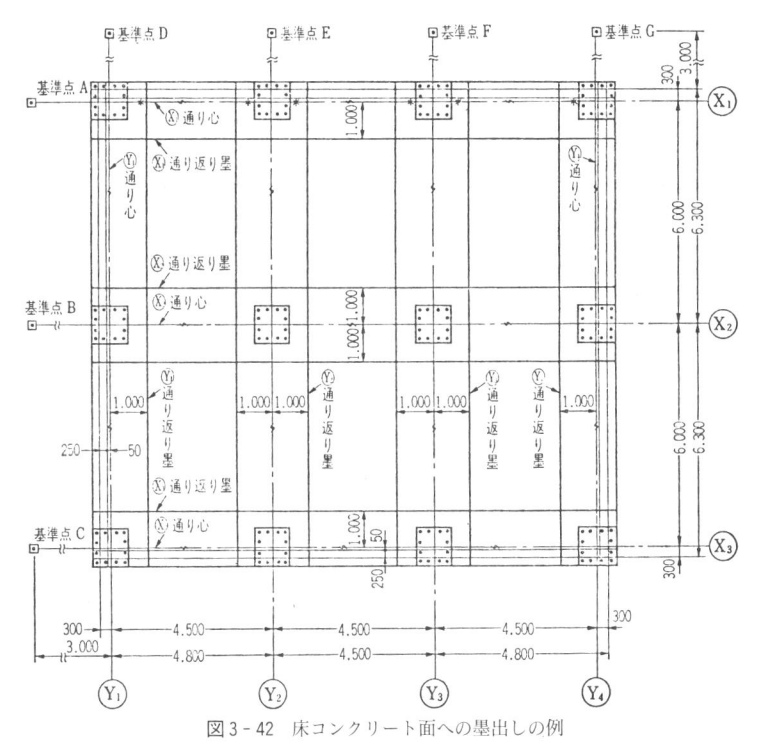

図3-42 床コンクリート面への墨出しの例

り心と合致するか確認する。同様に X_2, X_3 通りも同様にして求める。

次に，Y_1 通りの基準点 D にトランシットを据え基準点 G を視準した後，X_1 通り心を求めたのと同様の方法で Y_1 通り心を

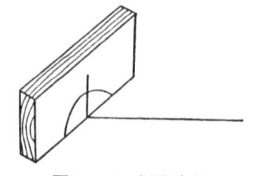

図3-43 視準定規

出す。この通り心を基準に鋼製巻尺で各通り間の距離を測定し X_1〜X_3 通りの通り心との交点に印をつける。この測点間の墨打ちを行い，Y_1〜Y_4 通り心を出す。

通り心が出ると返り墨（逃げ墨）を出す。一般に，柱心（柱心は通り心と一致することが多い）または壁心より1m返りを出すことが多い。柱心を基準に壁心位置ならびに返り墨位置を測定する。まず，さしがねで直角方向を記しておき，これに沿って鋼製巻尺を張りおのおのの位置を墨で記す。こうして求めた測点を結んで墨を打ち，壁心および返り墨の表示をする。なお，返り墨は，上階の通り心の基準となるので対角線の長さを測定する等，誤りがないことを確認する。

(b) 柱の幅墨

柱の幅墨を出すが，これは，すでに求めた柱心墨から所定の柱幅を測り墨打ちして出す。ただし，柱心が通り心に一致している場合は通り心から測定できるが，一致していない場合は，柱心位置を通り心から測って求め，それを基準にして所定の柱幅を測って墨打ちする。測定方法は，柱心墨の交点より X・Y 方向とも振り分けて柱幅の1/2ずつ測り，柱心墨上に記す。この墨印と柱心墨の交点より直角方向に墨を打ち，それらの交点を求める。これが柱の隅部となるので，隅部の表示をする。

(c) 壁開口部の墨出し

柱位置が決まったら，引き続き，壁，開口部等の墨出しを行い，それぞれの隅部に隅部の表示をする。なお，これらの墨出しにあたっては，細部の寸法を順次追って出すと誤差が出やすいので，必ず基準となる墨（通り心，柱心，壁心等）から寸法を割り出して実施する。基準となる墨は，作業が複雑な階段室やエレベータホール等にもとっておく。

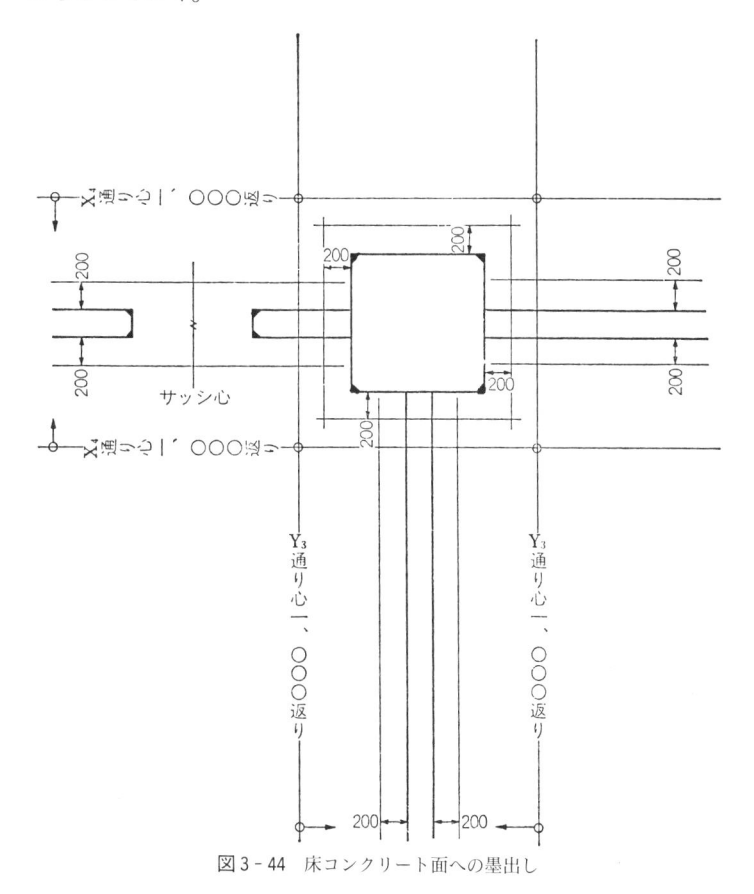

図3-44 床コンクリート面への墨出し

これらの墨出しが終了したら,それぞれの返り墨を出し,型枠の建入れ検査,仕上げの墨出し等に利用する。通常は,100mm返りの墨,200mm返りの墨が多く使用される。図3-44に一例を示す。墨が出し終わったら,柱心,壁心等の心墨および返り墨,柱・壁の墨,開口の墨を施工図と照らし合わせて検査する。

鉄筋工事の墨出し

鉄筋工事の墨出しは,型枠工事の墨出しと併行して行われ,一般には,型枠用の墨により鉄筋工事が実施される。

(a) 柱筋の陸墨出し

柱筋のための柱型の墨出しは,通り心等の主要中心線が地墨として打たれるのと同時に実施される。柱筋の陸墨出しは,柱主筋の圧接作業あるいは,継手における配筋が終了し,フープ筋を巻く段階で梁下端の位置を設定するために行う。柱筋は,まだ安定していないので床のコンクリート天端から梁下端までの距離を記したバカ棒を使って陸墨出しをする。

(b) 開口部の墨出し

片面の型枠が建て込まれ,壁の配筋が行われるので,出入口,窓等の開口部の開口墨を型枠面にあらかじめ出しておき,開口部の水平,鉛直各方向の位置および寸法を明示する。

(c) 差し筋の墨出し

径が9mm以下の差し筋では,コンクリートは打設後に,定着長さと継手長さを考えて切断したものを所定の位置に差し込んでいくこともあるが,13mm以上では,陸墨等を出し所定の位置に堅固に取り付け,型枠をそれに合わせてセットする。

型枠工事の墨出し

(a) 型枠の組立て段階での墨出し

第3章 各工事の墨出し　109

表 3-14 陸墨出しの方法

	手　順	図　解
①	建物のほぼ中央の見通しのきく所にレベルを設置し、整準する。	
②	G.L. を示すベンチマークに垂直にバカ棒を立てて視準し、レベルの十字線と合致する位置に墨で記す。	
③	バカ棒に記した位置から下方に、G.L. から床面までの距離に1mを加えた長さを測り、水平に墨を打つ。	
④	バカ棒を柱筋にあて、視準者の合図を基に上下に動かし、合致の合図を受けた所でバカ棒の下端の位置を柱筋に記す。	
⑤	すべての柱に対し陸墨が求められたところで、バカ棒を最初の柱に移しレベルで視準し誤差がないかを確認する。	

柱主筋の台直し等の修正を行い、フープ筋を取り付け、柱筋の安定を図った後、高さの基準となるベンチマークから高さを計算し、柱主筋に床面から1m上がりの墨（陸墨）をレベルを用いて出す。一般的にはビニールテープ等を鉄筋に巻いて表示する。通常ビニールテープを陸墨に合わせる。なお、ベンチマークの使用は、最初の階のみとし、柱主筋に1m上がりを出すと同時に、その階の1m上がりの基準点を、2カ所以上見通しのよい鉄骨柱やコンクリートの外壁等の沈下の恐れのないものにとっておき、その後の各階の基準点の設定の基準とする。なお、レベル使用による測量の方法を、表3-14に示す。

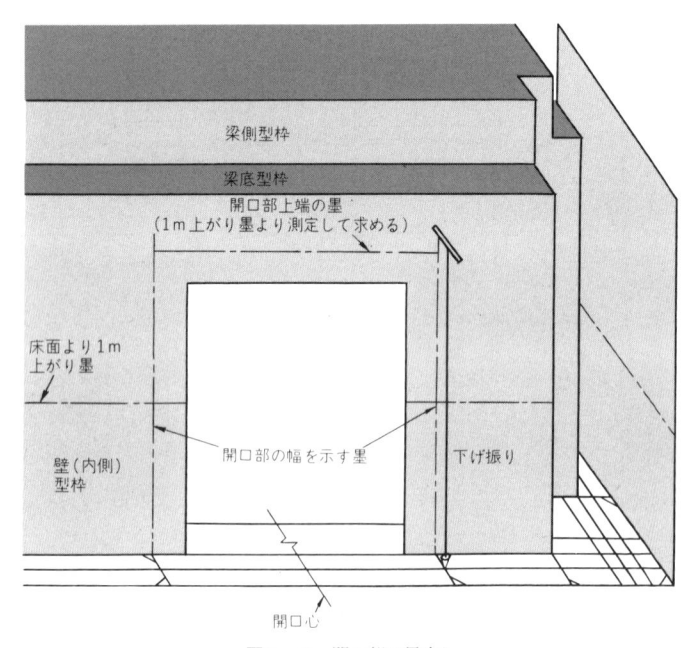

図3-45 開口部の墨出し

壁の型枠は，型枠の内側の型枠を組み立ててから，窓，出入口，換気孔，換気扇といった開口の墨および外壁の場合の化粧目地の墨を出す必要がある。図3‐45に開口部の墨出しの方法を示す。

(b) 現寸型板の墨出し

階段，庇，地下進入路等複雑な納まりの場合は，型枠工事に先立ち現寸図を書く。現寸図は，厚さ15mm程度の適当な大きさの合板または小幅板の裏面に桟木を450mm間隔に釘打ちしたものに引くことが多い。まず，設計図に明示されていない寸法，各部の取合い等を調べ，不都合な点を設計者と打合せのうえ調整する。すなわち，

① 基準階高さや階高との関係
② 柱心や壁心と通り心の関係
③ 仕上材と下地材および軀体との関係

等について検討する。以上の検討が終わったら，精度1mm以内で現寸図を起こし，これを基に型板を作製し，型枠用合板にあてて型枠を作製する。なお，型枠には，符号等を付け，どの部位に使用するかを明示する。

(c) 型枠の建入れ精度の検査

〈据付け位置のチェック〉

最初に，壁および柱の型枠の下部が幅墨に一致しているかを調べる。通常は，返り墨から型枠背面までの距離を記したバカ棒を使用して検査し，所定の位置となるよう修正する。

〈建入れのチェック〉

次に建入れ精度を下げ振りを用いて検査する。梁間方向，桁行方向の2方向について，柱では面の中央，壁では約1.8m間隔ごとにフォームタイ位置付近で，型枠の上部，下部，中央部の3点で検査

表3-15 型枠精度の標準（例）

項　目	化粧打放し仕上げ	一　般
建入れ精度（壁頭，柱頭）	±3 mm	±4 mm
スパン精度（スラブ型枠上）	±3 mm	±5 mm
はらみ	±1/300 かつ+7 mm 以下	±1/200 かつ+10mm 以下
床の墨と壁，柱の脚部のずれ	±2 mm	±2 mm
開口部のだき	±3 mm	±5 mm
隅角部	θ±3′	θ±5′
目違い	±2 mm	±3 mm

表3-16　コンクリート天端墨の出し方

	手　順	図　解
①	バカ棒を柱主筋にあててレベルで視準し，主筋の陸墨および視準線と一致する点をバカ棒に記す（㋺㋩）。	
②	バカ棒の㋩より上に1mを測り印をつける（㋭）。	
③	視準線と陸墨の差分だけ測って印をつける（㋥）。	
④	㋥とレベルの視準線が合致するように視準し，そのときの㋭を外周型枠に2～3m間隔に記す。	
⑤	記した測点を結んで墨を打ち，1m間隔程度に，釘を打って，コンクリート打設の際のガイドとする。	
注）	レベルを据える場所は，慎重に選定し，床に振動が生じないよう型枠の補強等，必要な場合は準備しておく。	

する。

外壁，庇，バルコニーの先端，長大な梁では，水糸を張って，引通し検査する。水糸にピアノ線を用いる場合は，ターンバックルを使用して緊張する。なお，修正した型枠の固定には，番線等伸びや戻りのあるものは使用せず，スラブ引き専用金物，チェーン，サポートを使用する。

〈スラブ型枠のチェック〉

床の水平精度は，立上がり鉄筋に記された陸墨を基準に水糸を張ったり，レベルとバカ棒を使用することにより検査する。不陸の調整は，パイプサポートのねじを操作して通常1/500程度のむくりがつくようにする。

最後に，柱，梁，壁の上口部（うわくち）で断面形状，内法寸法，矩（かな）（直角度）を検査する。また，窓，出入口の開口部は上部が垂れ下がりやすいので支保工の点検をする。

なお，型枠の精度は，仕上げの有無や種類，取付け方法により異なるが，表3-15に標準的なものを示す。

コンクリート工事の墨出し

コンクリート工事の墨出しは，主にコンクリート天端墨出しである。床型枠上にレベルを据え付け，柱主筋に記された陸墨を基にしてバカ棒をつくり，建物外周の型枠に測点を出し釘を打って表示する。その作業手順を表3-16に示す。

また，床中央部にも，鉄筋棒を2～3m間隔程度に立てたり，図3-46に示すようなアジャストボルト等を設置しておき，コンクリートの打設の際のガイドとする。

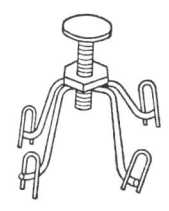

図3-46 アジャストボルト

大型サイロの計測制御システム

(a) スリップフォーム工法

セメントおよび石炭サイロや煙突などの垂直壁で構成された構造物の施工法としてスリップフォーム工法の採用例が多い。

このスリップフォーム工法は図3-47に示すとおり，ヨークと称する門型のフレームに型枠・足場・作業構台を取り付けたものをロッドで支持し，ヨークを油圧ジャッキで押し上げて筒体壁を構築していく工法である。本工法は型枠・足場等の盛替え作業が不要であり，配筋・PC鋼線配置・型枠調整・コンクリート打設・壁面仕上げなどの作業が同時に連続して行われるため，短工期でかつ合理的な施工が可能となる。

(b) 上昇量の管理

上昇装置は，油圧ジャッキ，ロッド，ポンプユニット，水平自動制御盤，水準器からなっており，一台の油圧ジャッキに対して1台

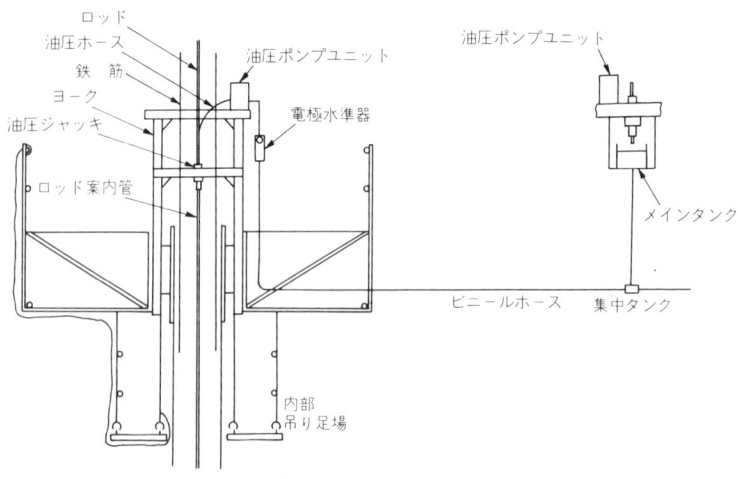

図3-47 スリップフォーム工法概要と上昇量管理システム

のポンプユニットで作動させるため,各ジャッキの負担荷重にばらつきがあっても各ポンプユニットが作動するために,上昇スピードのばらつきが少なくなる。

上昇量に対してはウォーターレベルによる水準器・水平自動制御盤で管理しているため,上昇量が一定でレベル誤差が少なく上昇量の累積誤差のない工法となっている。

(c) 形状安定計測システム

スリップフォーム装置は,円周上に多くのヨークをリングビーム

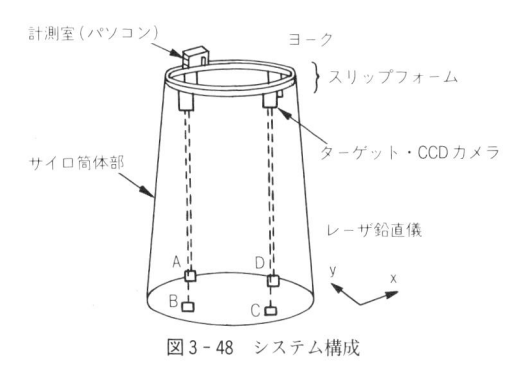

図3-48 システム構成

図3-49 計測管理フロー

で一体化して真円保持を図っているが，大規模なスリップフォーム全体の形状を，安定して制御するためには新たな計測システムが必要である。そこで，リアルタイムかつ高精度でモニタリング可能な計測システムとして，水平方向の変位計測にレーザー鉛直儀とカメラを使ったシステムを採用し，さらにパソコンを用いて計測結果から現在のスリップフォームの形状を推定して，変形した場合には修正可能なシステムが採用されている。

図3-48にシステム構成，図3-49に計測管理フローを示す。

このシステムでは筒体底部の4カ所に設置したレーザー鉛直儀（A〜D）からレーザー光を発し，ヨーク内側部に取り付けられたターゲットとCCDカメラで常時レーザー光の位置を捉えることで，各点の平面的な現在位置（x, y）を自動的に計測している。

3-6 仕上工事の墨出し

(1) 基準墨出し

建築物として設計図書どおりにつくっていくには，ある階だけの墨出しにとどまらず，各階の相互関係を示すものとして共通の基準を決めておく必要がある。これを一般に基準墨と呼び，通り心墨，通り心逃げ墨，陸墨等が含まれる。一般階のうち上階への出発点となる階の基準墨は特に大切で正確に出す必要がある。したがって，トランシット，レベルといった測定器具が完全に整備されていること，使用する鋼製巻尺は，決まったものを一定の張力下で引くこと，墨出しをする人員も決めておくことなどはいうまでもない。

墨の引通し

上階の位置出し（墨の引通し）を行うには，下階の床面に出され

た返り墨（逃げ墨）を基に上階の基準墨を出す。床のコンクリート打設に先立ち，各階同じ位置となるようにスリーブを設置する。通常は，建築物の四隅の通り心およびその中間部は30m間隔ごとの通り心の返り墨位置とし，コンクリート打設によって移動したり，スリーブ内にコンクリートが入らないようにしておく。また，スリーブの周辺は，ポイントをとったり上階への墨の移設の際の基準となるので，コンクリート面は，面の通ったきれいな定木を使って平滑にならす。墨の引通しの方法を表3-17に示す。

通り心墨・通り心返り墨・開口心墨出し

基準墨を出し終えたら，コンクリート施工図（通称スケルトン）に従って各通り心の返り墨，柱面，壁面，出入口・窓等の開口心出しおよび設備関連の墨出しに入る。各通り心の返り墨は，必ず基準点からの延べ寸法で測り，間に壁面等の障害物が建つと予測される場合は必ず両側に出しておく。また，1スパンが大きく，スパン内で小部屋等が設置される場合は，仕上墨を出すための基準墨が部屋内になくなることがあるので，このときは1m返り墨にこだわらず，最も適当な値の返り墨を打つ。ただし，1m返り墨との混乱を避けるため，何通りの何mm返りかを赤字で書き込んでおくとよい。

陸墨への移設

また，上階への陸墨の移設は，1階の柱，壁の型枠が取り外されたところで適切な場所にレベルを据えて，ベンチマークを視準し，これから計算し，床仕上面から1m上がりの位置をバカ棒に記す。バカ棒を外部の柱，壁あるいはエレベータシャフト等の墨打ちに適する場所に立て，これを視準してレベルの視準線に合致させ，柱や壁のコンクリート面に1m上がりの測点を表示し，測点間を結んで

表 3-17 墨の引通し方法(その1)

手　順	図　解
基準線 x_1, x_2, y_1, y_2 があり，それぞれの交点を A，B，C，D とする。	
① A 点のスリーブ穴に y 方向に定規をあて，下げ振りを下げる。下げ振りを下階の基準墨の交差部に合わせてポイント P_1, P_2 をとる。 　下げ振りは下階の基準墨の交差部に正確に合わせ，定規は完全に面の通ったものを使用する。	
② 次に x 方向に定規をあて，①と同様にしてポイント P_3, P_4 をとる。	
③ ポイント P_1〜P_4 が隠れないようにベニヤ(⑦3〜5mm)でふたをする。ベニヤは動かないように釘止めする。	
④ P_1-P_2, P_3-P_4 を結んで，ベニヤ上に墨を打ち，A 点を出す。 　同様にして B，C，D 各点を出し，トランシット，スチールテープで角度と長さをチェックし，基準墨 x_1, x_2, y_1, y_2 を出す。	

表3-17 墨の引通し方法（その2）

手　順	図　解
基準線 x_1, x_2, y_1, y_2 があり，それぞれの交点を A, B, C, D とする。	
① A点のスリーブ穴をベニヤ（⑦3～5mm）で，下階の墨 y_1 にかぶさるようにふたをし，釘止めする。 　ベニヤの側に下げ振りを下げ，下階の墨 x_1 上に合わせ，x_1 軸のポイントをベニヤ上に記し（これを a_1 とする），y_1 軸からの距離 l を測り，書き込んでおく。 （注）最近では，従来の下げ振りに代わり鉛直機が使われるようになってきている。わずらわしい手順を踏まなくてもすみ，また風の影響を受けないため，墨の引通し作業が簡単に行える。	
② 反対側D点も同様にしてポイントをとり，a_1 点にトランシットを据え，D点のポイントを見通して x_1 通りの墨を打つ。	
③ x_1 軸上にベニヤの側から l だけ測り出して a_2 点をとる。a_2 が下階の基準墨の交差部と同一点となる。 　同様にしてB, C各点についてポイントをとり，トランシット，スチールテープで角度と長さをチェックし，基準墨 x_2, y_1, y_2 を出す。	

墨を打つ。陸墨は床仕上面より1m上がりというように表示する。この陸墨を基に上階の墨出しを行うが，まだ軀体が打ち上がっておらず，床仕上面より1m上がりは墨出しできないので，コンクリートがすでに打設されている床仕上面より一定距離下がった部分に墨を打つ。すなわち，鋼製巻尺で床仕上面から1m上がった陸墨を基準に，上階の床仕上面から一定距離下がった位置までの長さを測って印を付け陸墨を出しておく。この陸墨は鉄筋の陸墨出しに使用できる。陸墨の出し方を，表3‐18に示す。なお，3階以上の陸墨は，その直下階から移設すると累積による誤差が大きくなるので1階に出された陸墨からの延べ寸法を鋼製巻尺で出す。

間仕切墨出し

各通り心の返り墨および陸墨が要所の墨出しが終わったら，これを基に間仕切墨を出す。返り墨から所定の長さを測って間仕切の心墨を出し，所定の幅を振り分けて幅墨を出す。床面に間仕切の墨を打ち終わったら垂直墨（竪墨，竪やり墨ともいう）を柱，壁面に出して間仕切の建ちの基準とする。垂直墨は床面に出した墨に一致するように，柱，壁面に沿って下げ振りを下げ，静止するのを確認した後，糸を壁面に対して直角に真正面から見通し，壁面の上下にポイントをとる。このポイントを結び，墨を打ち垂直墨とする。垂直墨は床面から天井面上部まで記す。なお，下げ振りの代わりにトランシットや鉛直機を用いることも多くなってきている。また，間仕切の水平の基準は，柱や壁に出した陸墨とする。通常は床仕上面より1m上がりとするが，段差がある場合は書入れ寸法で明示し全階を統一する。

間仕切墨出しの例を，図3‐50に示す。

第3章 各工事の墨出し

表3-18 陸墨の出し方

	手　順	図　解
①	バカ棒をベンチマークの上に立て、レベルで視準し、規準線を墨で記す(イ)。 次にG.L.+300から1FLまでの距離を計算し、バカ棒に墨を出す(ロ)。さらに1FLより1m上がりをバカ棒に記す(ハ)。	
②	バカ棒を外周の躯体部に垂直に立て、レベルの十字線とバカ棒に記した(ハ)(ニ)が一致するようにした所で躯体に、(イ)および(ニ)を移記する。	
③	(ハ)と(ニ)の関係を記したバカ棒をつくり、建物内部に1FLより1m上がりを記す。	
④	1FLの陸墨が出たら、上階の床位置の墨出しをする。実際の1m上がりは出せないので$L=H-(h+1,000)$の距離を鋼製巻尺で測って墨を出す。	
⑤	2FLにレベルを据え整準し、④で出した墨にバカ棒を合わせ、規準線と一致した位置に印をつける(ホ)。次に2FLから1m上がりをバカ棒に記す(ヘ)。	
⑥	(ホ)と(ヘ)の関係を記したバカ棒をつくり、柱主前にあてて2FLより1m上がりを記す。	
⑦	3FL以上も同様の方法で行う。ただし、誤差を少なくするためLについては、その測定の起点を1FLより1m上がりとする。	

図 3 − 50　間仕切墨出しの例

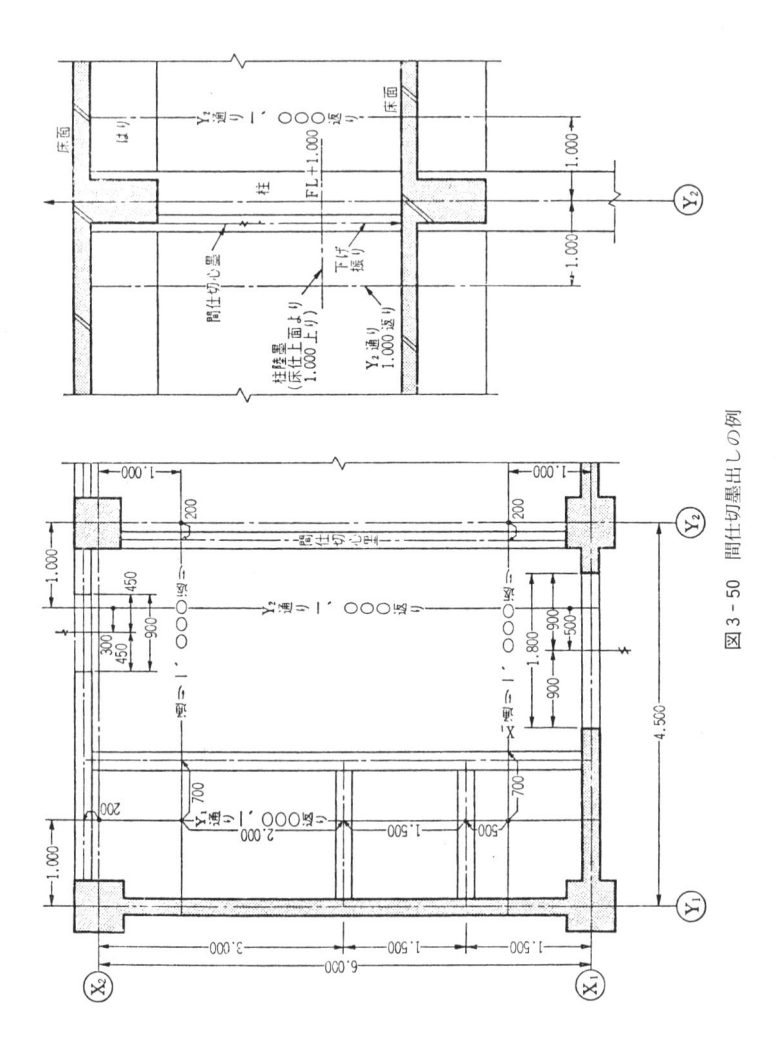

（2） 仕上工事共通の墨出し

先に述べたように，コンクリート打設後，通り心および通り心返り墨ならびに間仕切墨を床面に，また，陸墨を柱，壁面に出すが，これらの基準墨を基に，仕上工事のための墨出しに入る。この場合，もう一度上下階の基準墨のチェックを行うことが重要である。一般に仕上墨は仕上面より100mm逃げた位置に墨を出す。例えば，壁心100返り，壁仕上面より100返り等，その起点を明らかにしておき，仕上位置をわかりやすくしておく。場合によっては，100返りがとれないところも出てくるが，その場合は，直接仕上墨を記すか，150返り等の返り墨を出して明記する。

なお，返り墨はできるだけ統一したほうが間違いが少ない。

これらの仕上墨が出たところで水糸等を張り，軀体の精度を検査する。これを基に斫りあるいは付け送り等の補正作業を行う。

図3-51に仕上墨出しの例を示す。柱，壁の仕上面返り墨を出し，出入口，窓等開口部は心墨を出す。床，幅木，梁，天井等の仕上げは陸墨を出す。

（3） 組積工事の墨出し

組積工事のうちで代表的なれんが積みやコンクリートブロック積みおよび石垣積みの墨出しについては，基礎上あるいは床板に地墨を出す。目地幅の測定，目地の配置すなわち，割付墨が重要となる。

まず，仕上がり100返りの墨を基にして下げ振りを用い垂直墨を出し，積み面の出入りを調整する。

また，高さについては，図3-52のような割付図により，れんがあるいはコンクリートブロックの各段の天端位置を算出し，鉛直に張

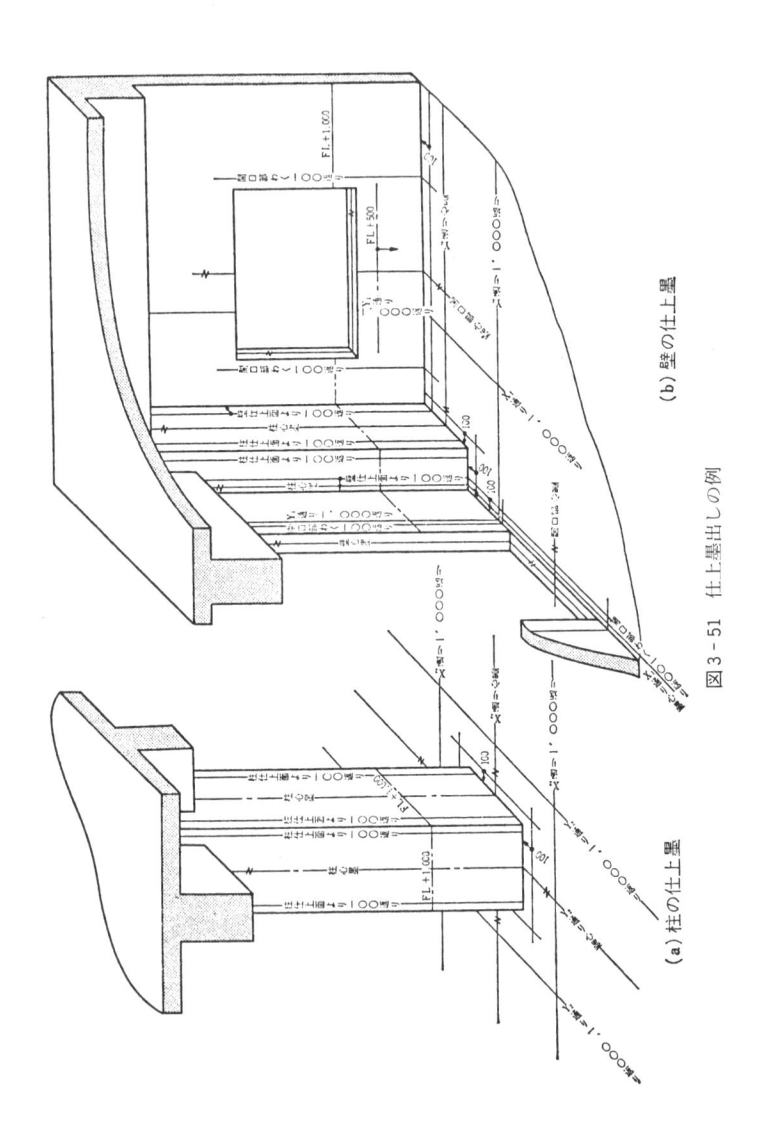

図 3-51 仕上墨出しの例

(a) 柱の仕上墨

(b) 壁の仕上墨

第3章 各工事の墨出し

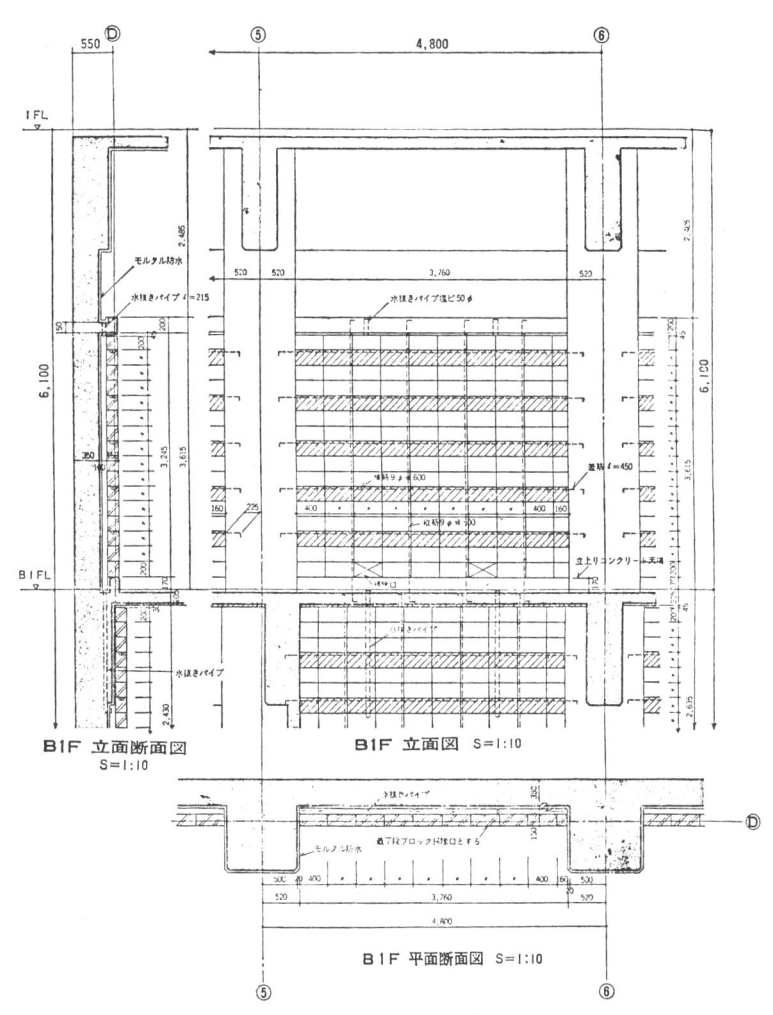

図3-52 コンクリートブロック積み割付図

った水糸か竪やり方に陸墨を基準にして記し，積み作業のガイドとする。

さらに，水平については，積み面位置に水平方向に水糸を張って確認する。ただし，水糸の距離が長いと中央部がたるんで低くなることが多いので水準器を併用するとよい。

(4) 石工事の墨出し

石工事では，積石による場合と，張石，敷石による場合がある。前者は，組積工事に準じて行われる。

張石，敷石では，スケルトンを基準に，建具類，取付け金物類，設備器具類，その他の備品類の位置を検討し，石割付図を引く。さらに，取付け詳細図，納まり現寸図を書き，これを基に墨出しを行う。割付図の例を図3-53に示す。

張石では，石工が床面より1m上がりの陸墨を基に，天井仕上がりおよび床仕上がりの位置を朱墨あるいは白墨で記す。次に床面の通り心あるいは通り心返り墨を用い，壁および柱仕上面より100返りか200返りの墨を床に打つ。また，壁および柱へ下げ振りを用いて仕上面より100返りか200返りの垂直墨を打つ。これらの墨が出たら出隅，入隅の角度，床墨と天井墨の引通しおよび垂直墨の鉛直度を検査する。墨が正しいことを確認の後，躯体の精度を調べ，張石が可能か検討し，必要ならば誤差の修正をする。この墨を基に建具，取付け金物，設備器具，備品等を取り付けた後，張石を行う。

敷石は，割付図と壁の張石の施工状況により目地割りを決め，トランシットで割付心墨を出し，それに直交する線を墨打ちする。その墨に合わせて水糸を張り，高さを確認しながら敷石を進める。

(5) タイル工事の墨出し

建具回りの納まり，設備器具類の取付け位置等を検討後，タイル割付図，現寸図，納まり詳細図を書き，これにより墨出しを行う。

外部での墨出し

外装がタイル仕上げの場合は，図3-54に示すタイル割付図を基に，図3-55に示すように，最上階に出した通り心あるいは通り心1m返り墨から，出隅部分のタイル仕上面の位置を求め，下げ振りをタイル張り開始階まで下ろす。これを基にピアノ線とターンバックルを用いて仕上がり面を示すことができるようにする。この操作を建物の四隅とその他の出隅部分すべてにわたり行って，タイル仕上がり面を示す。

次に，仕上がり100返りの墨を躯体に出し，これに従って建具や金物類の取付けを行い，縦方向の割付けを行う。なお，仕上がり100返りは，積上げ張り工法の場合は，タイル仕上がり面より100返り，圧着工法等下地モルタルが施される場合は，その精度を重視するため，左官仕上がり面より100返りとしておく。

また，横方向の割付けは，各階の陸墨を外壁に開口部を利用して移し，これを基に行う。

内部での墨出し

通り心あるいは通り心より1m返り墨によって躯体の精度を検査し，その程度により部分斫りでタイル割付図どおり施工するか，支障がなければできあがった躯体を生かし，斫りをすることなく割付けを修正する等の処置をとる。

以上のような前処置が終了後，タイルの割付けに入る。まず，陸墨を部屋内に打つ。さらに出隅および入隅部にタイル仕上面より100返りの垂直墨を打つ。この墨を基に，設備器具，建具，膳板，流

A面展開図

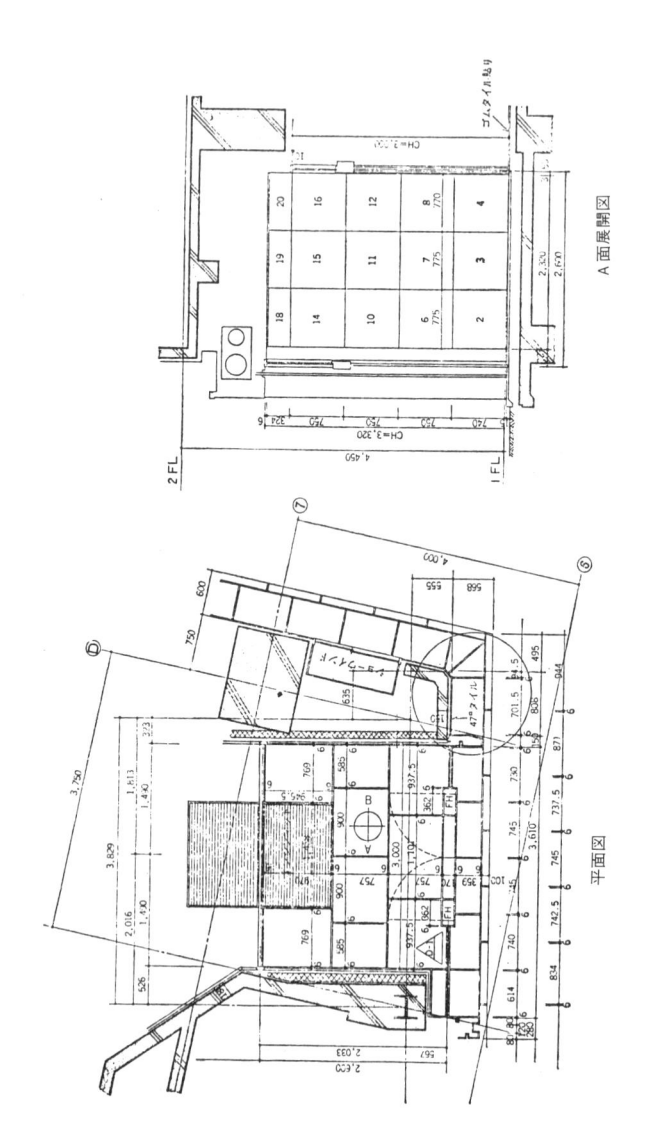

平面図

第3章 各工事の墨出し　129

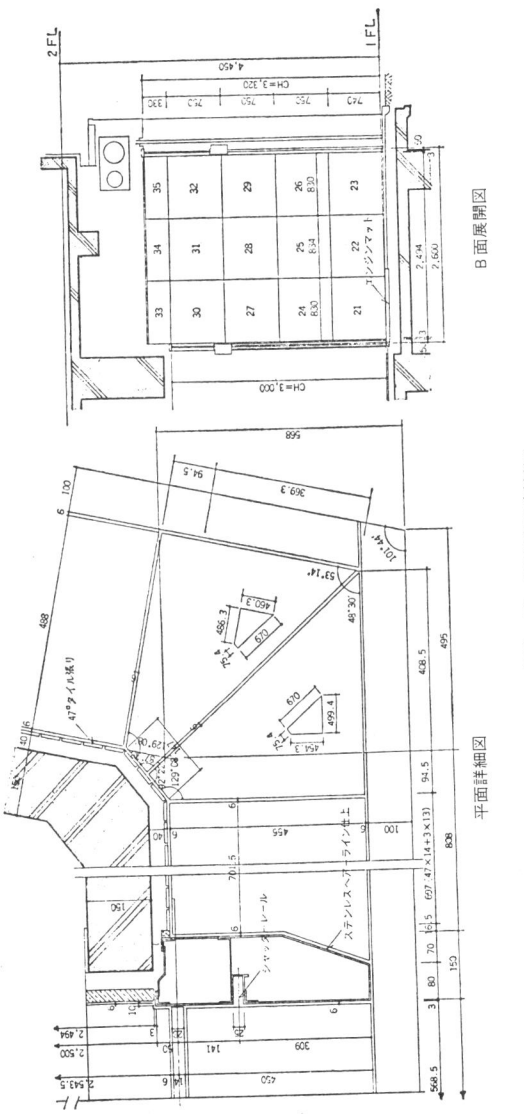

図3-53　石工事の割付図

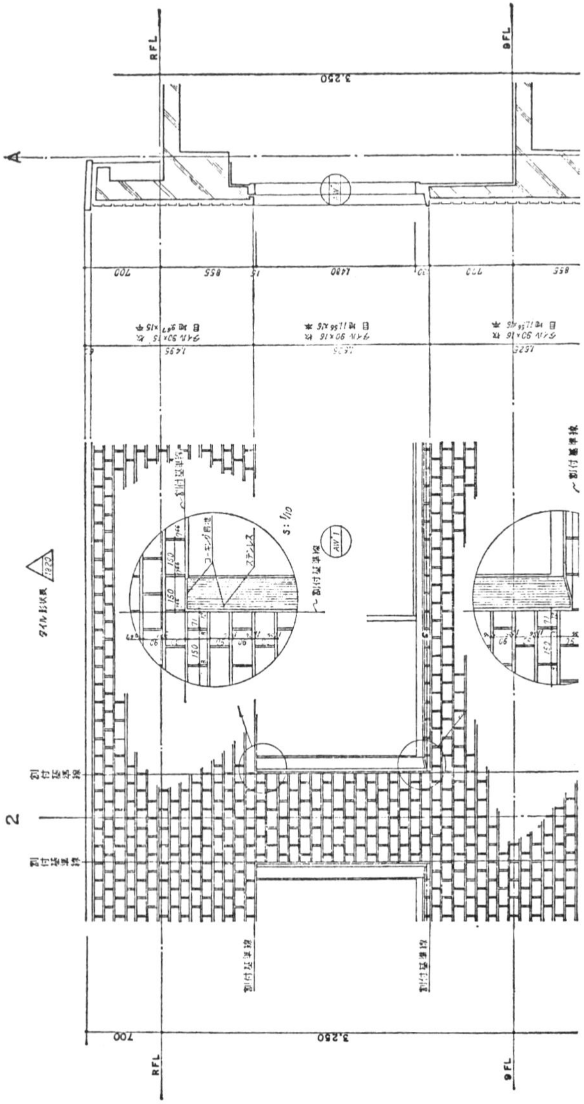
RFL
9FL
3,250
700
AW 1
S: 1/10
割付基準線
コーキング目地
ステンレス

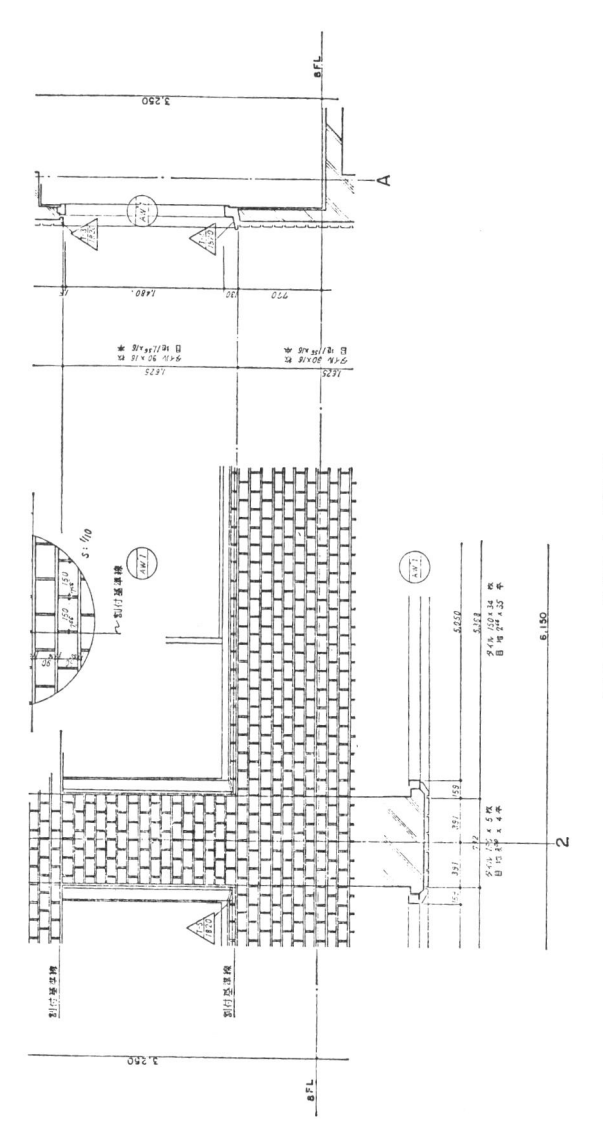

図 3–54 外部タイル割付図

(a) 外壁出隅部平断面

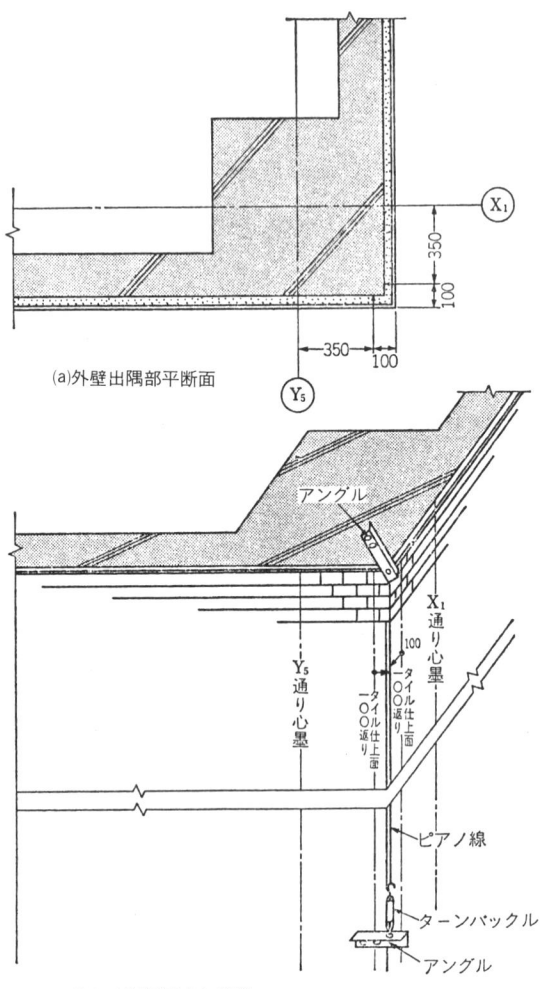

(b) 外部出隅部墨出し要領

図 3-55 外部出隅部の墨出し

し台の水切板,スクリーン等の位置を出す。すなわち,給水,排水用金具,衛生陶器はタイル目地の交差部に入るように,膳板,水切板は役物タイルが入らない位置に,スクリーンはタイルの目地とその心が合致するように壁および床に墨出しする。

壁のタイル張りは,図3-56に示す割付図を基に図3-57に示すように,壁の出隅,入隅に出された100返りの墨を基にタイル仕上面に縦糸を下ろし,あらかじめ作製しておいた目地割り用の定規の目盛を移す。この縦糸の目盛に従い水平に横糸を張り,角部から横へ張っていく。

床タイルは,壁のタイル張りが終了後,排水の勾配を考慮して,壁タイルに陸墨を出す。なお,通常床のタイル目地は,出入口に平行となるようにとる。

(6) 左官工事の墨出し

床での墨出し

モルタル金ごて仕上げの場合は,壁,柱の陸墨から床仕上墨を出し,さらに図3-58に示すように,まんじゅう,あるいはあたりと呼ばれるモルタルによるレベル定木を2m前後の間隔で出す。これを基に仕上モルタルを定木ずりして塗る。なお,タイル張りの場合は,タイル厚さを引いてレベル出しをする。

柱での墨出し

柱心墨を下げ振りあるいはトランシットにより床から移し,これを基に出隅,入隅部に柱仕上面100返り墨を出す(図3-51(a))。柱の出隅部はこの墨を基に床から天井に仕上線を示す水糸を張って左官工事を行う。

壁での墨出し

134

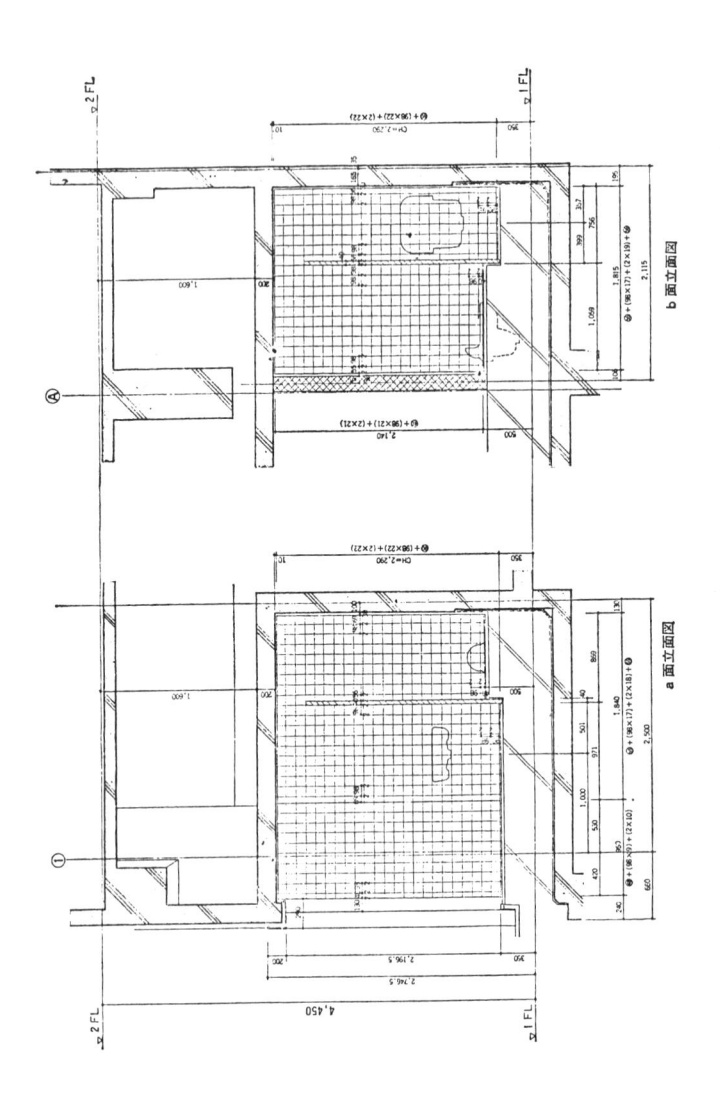

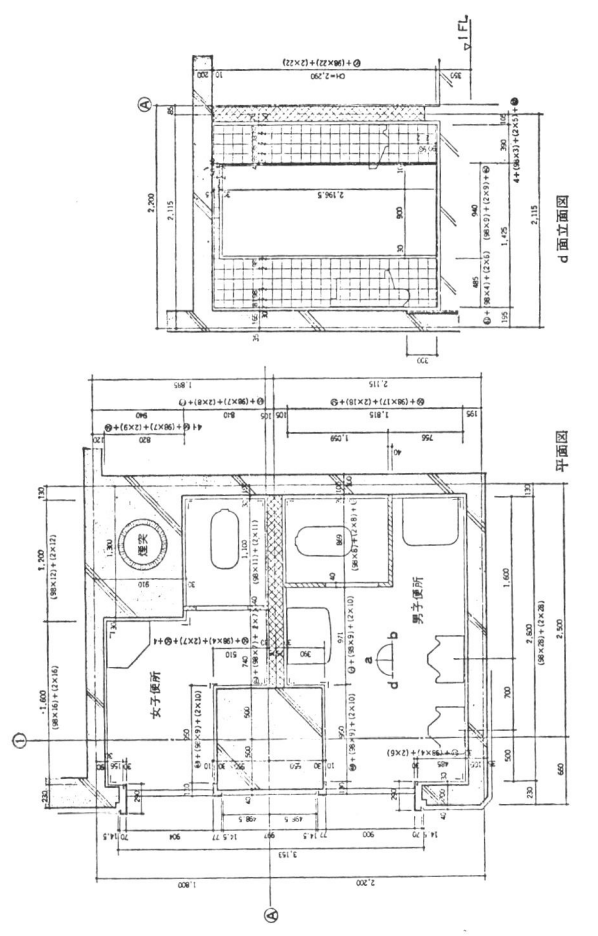

図 3-56 内壁タイル割付図

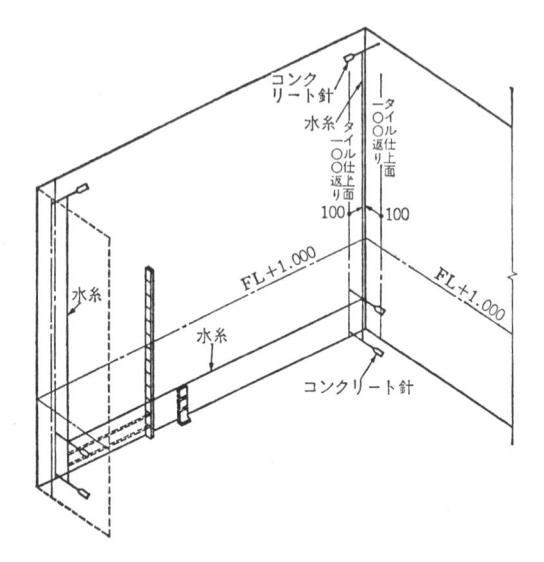

図 3-57　内壁での墨出し

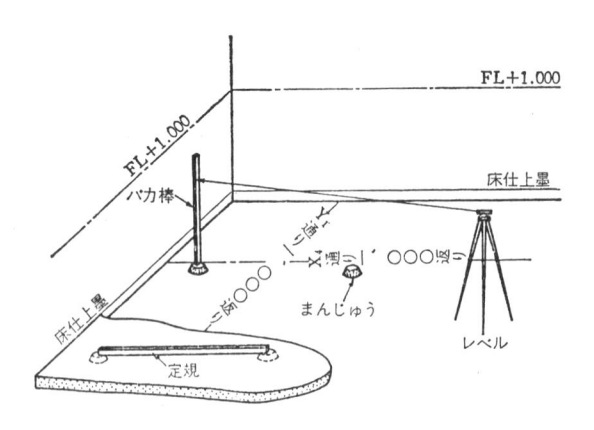

図 3-58　床左官仕上墨の出し方

通り心あるいは通り心返り墨を下げ振り等で壁に移し，これを基に，壁仕上面までの距離を求め，そこから100返りの位置に墨を出す。

開口部やそで壁部では壁心墨を小口面に出しておく。

次に，床仕上面より1m上がりの陸墨を基に天井仕上墨を出すが，最近では，天井の左官仕上げは減少しているのであまり使われない。

梁での墨出し

左官仕上げの場合，梁型を見せて仕上げることがあるが，このようなときは，まず梁底に梁心墨を通り心墨より移す。さらに梁側に天井仕上面の水平墨を出す。これらの墨を基に左官定木を取り付けて左官仕上げを行うが，剝離や脱落の恐れが多いので，最近ではコンクリート打放しにして，簡単な下地調整だけですませる傾向が多くなっている。

(7) 建具工事の墨出し

建具枠の取付け墨は，開口心墨を出した後，壁心墨を基準にして，建具枠寸法を左右均等に振り分けて印を付け，両側とも100mmの逃げをとって返り墨を出す。下げ振りを使用し，この墨を壁面に移設する。

また，建具枠の上下に心墨，左右に床仕上面より1m上がりの墨を付けておき，建具枠を開口部の墨と合うようくさびを躯体と建具枠の間に入れて固定する。このとき，建具枠の建入れは上枠から床面に墨出しされた返り墨へ下げ振りを下ろし，くさびで出入りを調整しながら締め付ける。

(8) カーテンウォール工事の墨出し

カーテンウォールは，建築物の外装としての性能を確保するために，高精度で取付けを行う必要がある。したがって，建築の基準墨出し，カーテンウォール基準墨出し，カーテンウォール取付け墨出しの順に各段階で間違いのない墨を打つ必要がある。

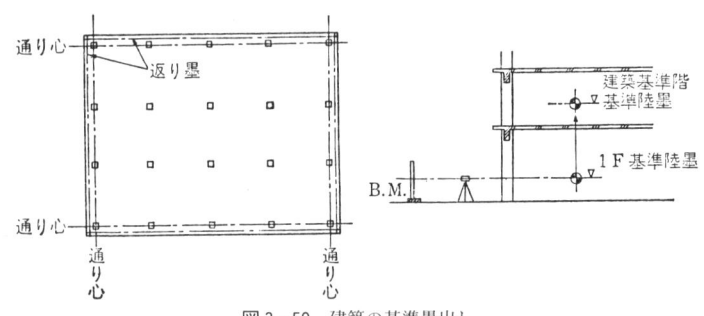

図3-59　建築の基準墨出し

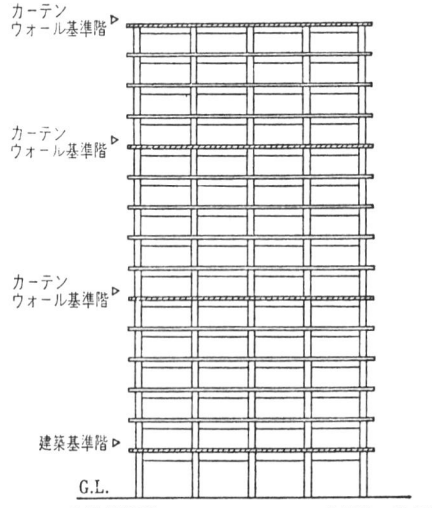

図3-60　建築基準階，カーテンウォール基準階の設置例

表3-19 基準移動手順の例

階	墨 出 し 手 順 図			
カーテン ウォール 基準階	カーテンウォール基準墨	→	→	取付け墨
(中間階)		中間階基準墨	→	取付け墨
(中間階)		中間階基準墨	→	取付け墨
(中間階)		中間階基準墨	→	取付け墨
(中間階)		中間階基準墨	→	取付け墨
カーテン ウォール 基準階	カーテンウォール基準墨	→	→	取付け墨
(中間階)		中間階基準墨	→	取付け墨
(中間階)		中間階基準墨	→	取付け墨
(中間階)		中間階基準墨	→	取付け墨
(中間階)		中間階基準墨	→	取付け墨
建築基準階	建築基準墨 → カーテンウォール基準墨			取付け墨
	建築用基準原点			

第3章 各工事の墨出し　139

表3-20 カーテンウォール取付けの墨出し手順(その1)

説　明	図　解
床に出す墨 ・カーテンウォールの返り墨 　カーテンウォール構成部材の面外位置を決定する墨として,スラブ先端部に地墨を表示する。 　この墨は先付けアンカーの埋込み位置の確認,ファスナーの概略位置決め,付属部材取付けの際の基準となる墨である。	(カーテンウォール心／カーテンウォール返り墨)
・ファスナーの割付墨 　ファスナーの取付け位置を決定するための墨を,各ファスナーの心墨またはその返り墨として表示する。	(カーテンウォールの返り墨／ファスナー心墨／ファスナー心の返り墨)
・先付けアンカーの確認墨 　先付けアンカーの埋込み位置を確認するための墨は,前記のカーテンウォールの返り墨ならびにファスナーの割付墨で代用する。	(先付けアンカーの確認墨(カーテンウォールの返り墨)／先付けアンカーの確認墨(ファスナー心の返り墨))
・その他の地墨 　上記の地墨のほかに,あと付けアンカーの取付け位置を指示するアンカー取付け用地墨や付属部材を取り付けるための付属部材取付け用地墨等がある。	

表3-20 カーテンウォール取付けの墨出し手順（その2）

説　明	図　解
ピアノ線	・垂直ピアノ線 　カーテンウォール構成部材の面内および面外方向の位置決め作業を，より精度よく能率的に行えるように，垂直方向の墨を設定する。通常，建物外部に垂直に張ったピアノ線によって表示する。 ・水平ピアノ線 　ファスナーおよびカーテンウォール本体の面外方向の位置を決めるために，カーテンウォール取付け面に沿って水平に張ったピアノ線で，上記の垂直ピアノ線を基準として設定する。

(a) 平面図

(b) 立面図

表3-20 カーテンウォール取付けの墨出し手順(その3)

説　明	図　解
	(c)詳細図 水平ピアノ線／垂直ピアノ線（水平ピアノ線の基準）
陸墨	カーテンウォール構成部材の高さを決定する墨として，各階の主要柱に表示されているその階の基準陸墨を，カーテンウォール取付け用陸墨とする。	

建築の基準墨出し

仕上工事用の基準墨を表示するに最も適切な階（通常はベンチマークが見通せる1階または2階が多い）に，鉄筋コンクリート工事で述べたごとく建築の基準墨を出す。図3-59にその一例を示す。

カーテンウォール基準墨出し

カーテンウォールを取り付ける場合，各階に表示された基準墨より個別に取り付けると，墨出し誤差にカーテンウォール取付け誤差が累積し，上下の階でくい違いが生ずることが多い。したがって，ピアノ線を使用し，垂直かつ水平方向に連続した基準を設定するために，図3-60に示すようなカーテンウォール基準階を5～6階お

きに定める。この基準階の墨を基にして中間階の基準墨を出し，さらにこれを基に取付け墨を出す。この墨出しの手順を表3-19に示す。

カーテンウォール取付け墨出し

カーテンウォール取付けの墨出し手順を表3-20に示す。

(9) 金属工事の墨出し

金属工事には，鉄骨階段から目地棒にいたるまで種々様々なものがあり，主なものについて表3-21にまとめて掲げる。

表3-21 代表的な金属工事の墨出し

品　名	墨　出　し　の　要　領
笠木	パラペットに取り付ける場合は，笠木の上端の位置より100返りの水平墨をパラペット立ち上がりの内側に出し，またパラペットの天端にパラペット心墨を出すことによりレベルおよび出入りを調整する。
手すり	通り心墨あるいは通り心の返り墨から手すり子の心墨位置を求めて墨を打つ。高さは床にレベルを据えて決める。
カーテンボックス，ブラインドボックス類	建具枠が決まるとそれに合わせる形で取り付けるので，特に墨出しは必要ない。
鉄骨階段	階高の水平墨と階段の取付け心によって取り付ける。
マンホール，床点検口	取付け心墨を通り心あるいは通り心返り墨から出し，高さはレベルを据えて調整する。
郵便受けボックス，壁点検口	取付け心墨を通り心返り墨から出し，出入りは壁面の仕上面との関係で決める。
タラップ	取付け位置を通り心返り墨から測定して垂直墨を打ち，出入りは壁面の仕上面との関係で決める。

(10) ボード類内装工事の墨出し

天井での墨出し

壁および梁に，仕上材の厚さを引いた軽量鉄骨下地の下端の位置

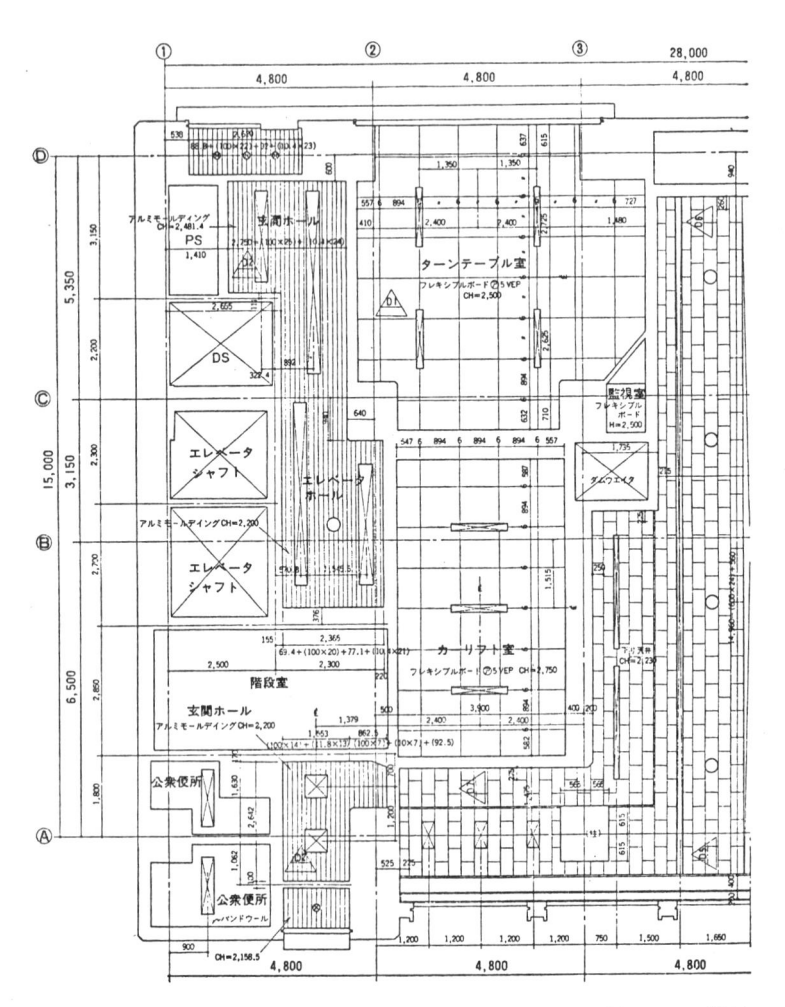

図 3-61 天井割

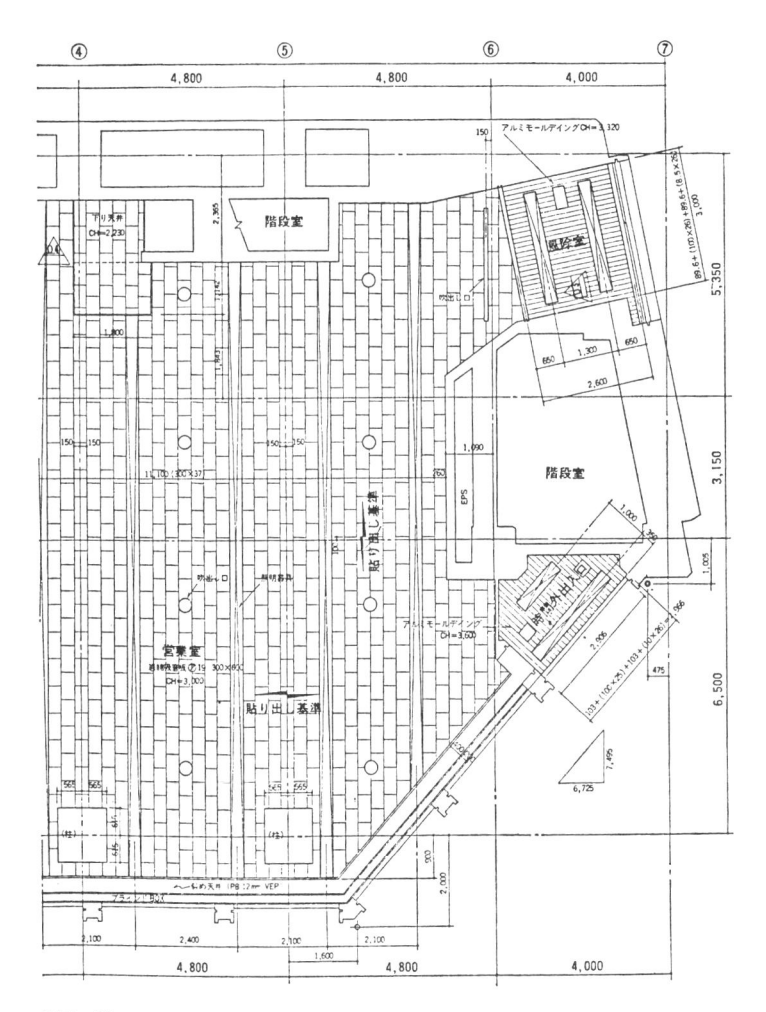

付図の例

を出す。壁面は陸墨から測定して出し，梁部分は，レベルを使用し，脚立に乗ってバカ棒をあてて水平のポイントを移設する。ポイントを出し終えたら，ポイント間を結んで墨を打つ。

次に，図3‐61に示すような天井割付図に従って，張出し基準を床面に出した後，下げ振りによって天井裏に上げる。この基準と水平墨の要所に水糸を張り，軽量鉄骨下地を組んでいく。その際ボード等の割付けに合うようバーを取り付ける。

ボードの捨張りがある場合は，捨張り完了後，その面に張出し基準を墨出しし，これを基に天井取付け器具類の位置を出して孔開けする。その際，あと付け器具の墨出しに墨汁を使うと消えなくなるので，朱墨かポスターカラーなど消えやすいもので器具に隠れるように墨出しを行い，上張りをする。

ボードの捨張りのない場合は，水糸を張って仕上張りをする。

壁での墨出し

通り心あるいは通り心通り墨から出した間仕切心墨を基に，間仕切面墨を床に出す。この墨を軀体の天井および梁下に下げ振りによって移し，墨を打つ。これらを基に間仕切用下地を組む。間柱の配置は，壁面の割付心からボードの幅の間隔で振り分ける。なお，割付心は，部屋の各壁面の中心におくことが多いが，建具開口心，柱心，そで壁端部等を基準とする場合もある。ボード張りは，割付心位置の間柱に垂直墨を出した後，これを基に張り始める。

(11) 張物類内装工事の墨出し

天井での墨出し

天井への張物としては，布類，ビニールクロス等が考えられるが，特に墨出しをしない場合が多い。

壁での墨出し

壁への布類，ビニールクロス張りは，陸墨あるいは天井回り縁がある場合は回り縁位置と割付心墨によって張る。

床での墨出し

床への張物としては，ビニールタイル，アスファルトタイル，ゴムタイル等々が考えられるが，この場合，部屋の中心線をX・Y方向ともに出し，壁際の役物タイルの寸法が同一幅となるように割り付ける。ただし，部屋の壁の精度が悪いと，割付心と壁の線が平行とならず，役物タイルの形を長方形にできず見苦しいので，張り始める前に仮敷きをしてみて支障ないか確認する。見苦しくなる場合は，割付心を多少回転させ修正することを考える。

ビニールタイルの張付け時には，プライマーが施され，墨が見にくくなるので，プライマー塗布後水糸に白墨を付けたもので墨打ちを行い，これを基準に張っていく。

このほか，カーペット，じゅうたん等もあるが特に割付心等は設けないのが普通である。

なお，床仕上げを，工程上先行して行う場合もあるが，床に出した墨が隠れてしまうので，必ず仕上げ前に必要な墨を壁面へ移しておく。

3－7　特殊部位の墨出し

(1) 階段の墨出し

階段は，各階の墨の誤差が出やすいので，最上階まで躯体ができあがった後，全階を通してチェックし，図面どおりの寸法に納まっていないときは，支障のない範囲で現場合わせの修正を行う必要が

表 3-22 階段仕上墨出しの方法

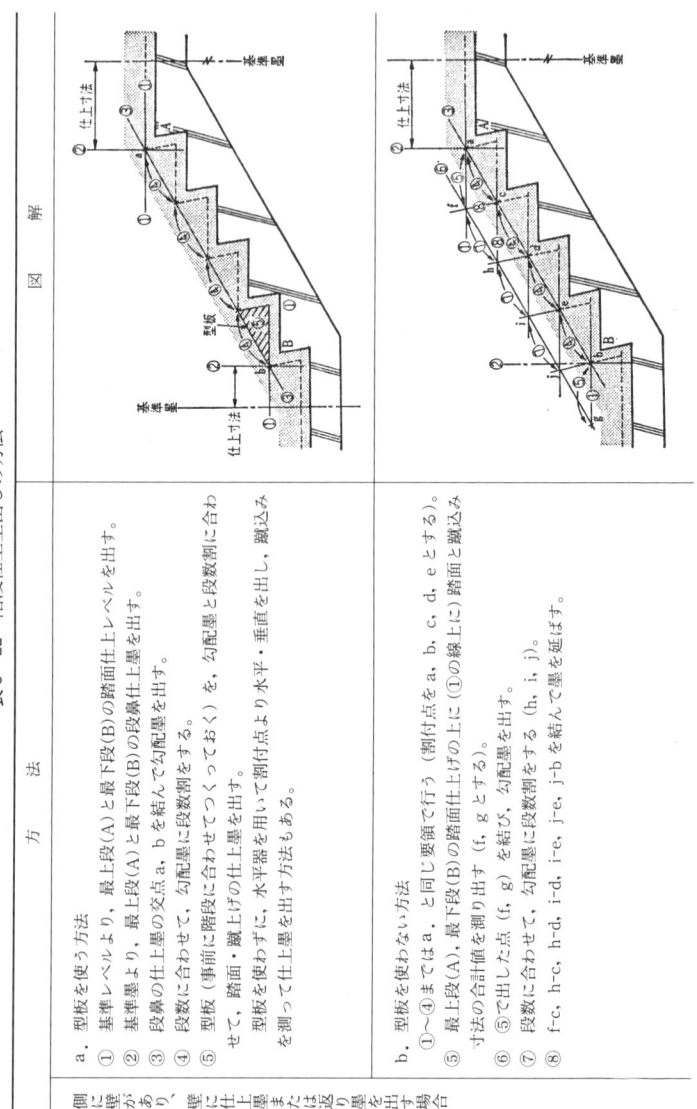

	方　法	図　解
側壁に仕上墨または返り墨を出す場合	a. 型板を使う方法 ① 基準レベルより、最上段(A)と最下段(B)の踏面仕上レベルを出す。 ② 基準墨より、最上段(A)と最下段(B)の段鼻線仕上墨を出す。 ③ 段鼻の仕上墨の交点a、bを結んで勾配墨を出す。 ④ 段数に合わせて、勾配墨に段数割をする。 ⑤ 型板（事前に階段に合わせてつくっておく）を、勾配墨と段数割に合わせて、踏面・蹴上げの仕上墨を出す。 型板を使わず、水平器を用いて割付点より水平・垂直を出し、蹴込みを測って仕上墨を出す方法もある。 b. 型板を使わない方法 ①～④までは a. と同じ要領で行う（割付点を a、b、c、d、e とする）。 ⑤ 最上段(A)、最下段(B)の踏面仕上げの踏面上に（①の線上に）踏面と蹴込み寸法の合計値を測り出す (f, g とする)。 ⑥ ⑤で出した点 (f, g) を結び、勾配墨を出す。 ⑦ 段数に合わせて、勾配墨に段数割を出す (h, i, j)。 ⑧ f-c、h-d、i-e、j-b を結んで墨を延ばす。	

寸場き側合ら壁壁	① 基準レベルより最上段(A)、最下段(B)の踏面仕上げの返り墨(通常は100返りか、50返り)を出す。
に仕上げの返り墨を出す	② 基準墨より最上段(A)、最下段(B)の段鼻の仕上がり返り寸法を出す(返り寸法の取り方は後述する)。
	③ 最上段(A)、最下段(B)の返り墨の交点a、bを結んで勾配墨を出す。
	④ 段数に合わせて、勾配墨に段数割をする。
	⑤ 勾配墨と段数割に合わせて、型板または水平器を用いて各段の仕上墨を出す。

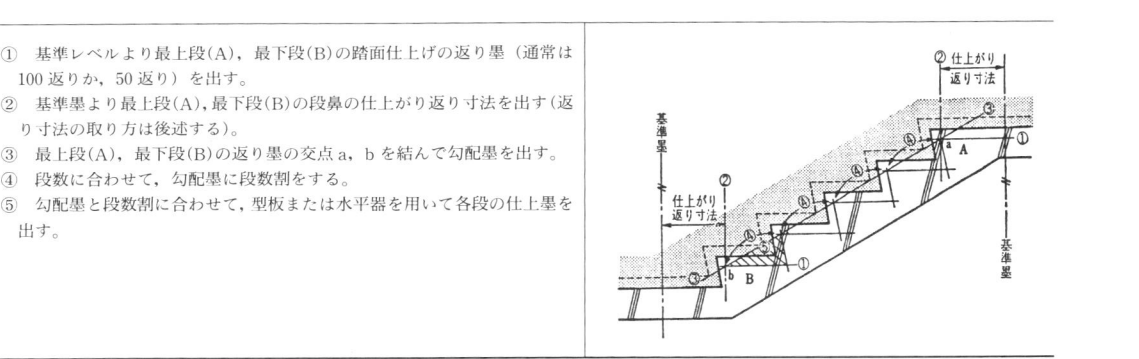

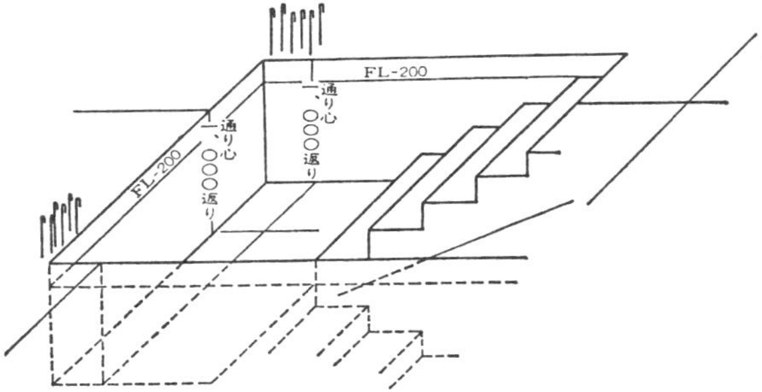

図3-62 階段の基準墨出し

ある。特に，精度の高い金物手すりや石のボーダー等の仕上げが施される場合は，修正方法を工夫してきれいに納まるようにする。すなわち，最上段から最下段まで上りおよび下りのささらボーダーの心にピアノ線を下げ振りを付けて降ろし，階段の心墨を出す。これにより，ボーダーの幅，手すりの心，両側の壁仕上面等を通り心墨と照らし合わせながら調整する。

また，階段は人通りが激しく，踊り場の床に墨を出しておいても消えてしまうことが多いので，必ず図3‐62に示すように壁面に下げ振りを用いて通り心あるいは通り心返り墨を出しておく。

陸墨については，各階および踊り場の壁に床仕上面より1m上がりあるいは床仕上面より200mm下がり等の墨を出しておき，これを基準レベルとする。

上述の墨出しが終わったら，階段仕上墨を出すが，表3‐22に代表的な例を示す。

なお，階段の返り墨は，段鼻からとる場合と蹴上げ面よりとる場合では，蹴込み勾配分だけずれが起きるので注意する。一例を表3‐23に示す。

(2) ベランダの墨出し

軀体の基準墨出しと同時に通り心返り墨および水平墨をベランダ部にも出しておく。特に，手すりが取り付く部分の返り墨および水平墨は，軀体が立ち上がる前に出すよう心掛ける。一例を，図3‐63に示す。

表 3-23 階段返り墨の出し方

方　　法	図　　解

a. 段鼻 100 返り墨で出した場合
この場合，蹴上仕上面よりの返り墨は，蹴込み勾配分だけ差し引いた寸法で打墨する。

$$x = \frac{30 \times 100}{160} = 18.8$$

b. 蹴上仕上面 100 返り墨で出した場合
蹴込み勾配分だけずらした段鼻返り墨を打つ。

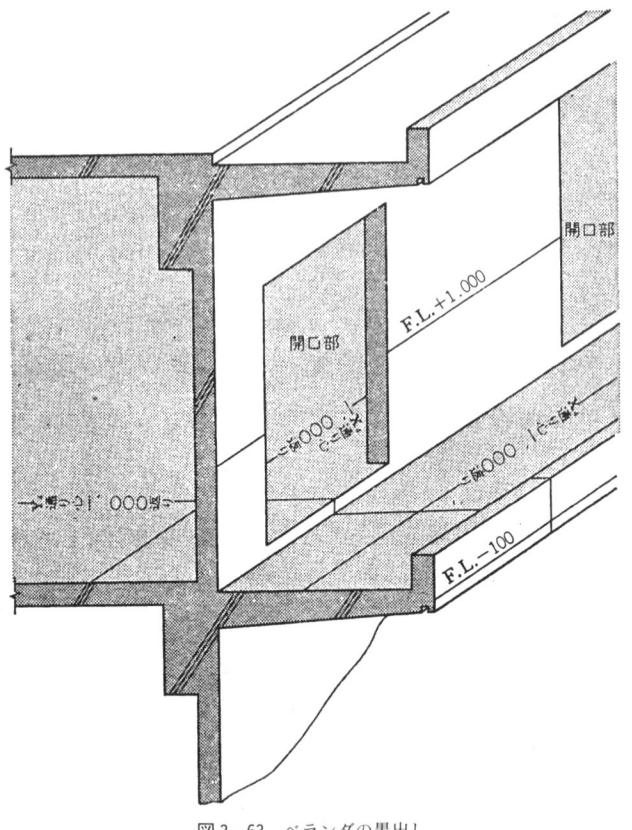

図 3-63 ベランダの墨出し

3-8 設備工事の墨出し

(1) 空気調和・給排水衛生工事の墨出し

位置決め

設備機器設置のための墨出しは,建築で出した通り心墨,通り心

第3章 各工事の墨出し

表3-24 空気調和・給排水衛生工事の墨出しに関連する業務

業務 作業	打合せ	施工図	施工計画	精度	躯体工事	床・壁・天井 下地	床・壁・天井 仕上げ
準備	箱入れ、スリーブ、墨出し打合せ	スリーブ図、インサート図面作製	作業時期の検討	箱、スリーブの取付け精度と取付けの堅ろう性	箱、スリーブの墨出し	仕上墨出し	仕上墨出し
配管工事	取合い部分のチェック	取合い部分詳細図作製	作業時期と方法の検討	貫通部内径のチェック	箱、スリーブ位置の確認 インサート入れ 補強筋の配筋	配管部分回りの穴埋め、シール 防水層貫通部分の防水処理 水圧テスト	タイル、石の目地調整
機器据付け	—	機器据付け図面作製	機器の重量による補強計画	アンカーボルト位置のチェック	据付け箇所の補強	—	—
器具付	取付け位置仕上材との納まり	納まり図面作製	開口部補強方法	位置のチェックと取付けの堅ろう性	衛生器具の箱入れ 補強筋の配筋	アンカー部分の補強 器具取付け箇所の補強	—

返り墨あるいは陸墨などを基に行う。天井裏に入ってしまい天井仕上面に出てこないものや機械室等仕上げが問題とならない場合は，それほどの精度は要求されない。しかし，打放しコンクリートに取り付くもの，勾配の付いた管類のスリーブ入れ等は，相当の精度を要求されるので正確に位置を出しておく必要がある。

箱入れ・スリーブ入れ

箱入れ・スリーブ入れは，あと付けになるダクト，器具類等の取付け箇所にコンクリートが回らないようにするものである。取付けにあたっては，正確に位置を出して動かないように，箱スリーブを型枠に止め付ける。

空気調和・給排水衛生工事の墨出し関連業務一覧

空気調和・給排水衛生工事の墨出しに関連する業務については，表3-24に示すとおりである。

(2) 電気工事の墨出し

電気工事の墨出しとしては，アウトレットボックスの取付け位置を柱，壁，床に記したり，照明器具の位置を天井に記したりすることがあげられる。

墨出しにあたっては，通り心墨，通り心返り墨，陸墨を利用して，電気工事の施工図に示された機器の位置を現場に記していく。

なお，墨出しの要点を表3-25に示すが，内容的にはほぼ建築工事の墨出しと同様である。ただし，給排水衛生関係，空気調和関係の設備工事業者間，あるいは電気工事業者間でも使用墨の表記方法，墨色等を事前に打ち合わせておき，各種設備が集中している所では，墨を誤使用しないように工夫する。

電気工事の墨出しで注意すべき点には次のようなものがある。ダ

表3-25 墨出しの要点

a	誤差をなくすように慎重に行う。中心決定の場合など必要に応じては左右双方から測ってみたり、数回反復して平均値を求めるようなこともある。
b	長い距離を測る場合は、短いもので測り継ぎをしないよう長目のかつ精度のよい巻尺などを使用する。
c	同一線上のものはbと同様に、長目の巻尺などを延ばしておいて所要寸法を加算しながら一度に行い、測り継ぎをしないほうが精度が出る。
d	印はできるだけ細い線で、他の用途の墨と混同されないようにつける。また、仕上面に痕跡をとどめることがないように注意する。
e	長さを測る場合、中間の障害物は除去して行う。また、床などに墨を打つ場合は床面をよく掃除して行う。
f	同じ寸法の墨を数多く出す場合は、細長い棒などに寸法を記入したり、あるいはその長さに切ったバカ棒などを使うと能率的である。
g	タイル張り、石張り、天井のテックス張りなどに対しては心墨、返り墨などとは別にそれぞれのためにタイル目地張り、石割り、テックス目地割りなど割付墨が出されるので、これらと相互関係を考慮して照明器具の取付け位置を決める場合などには、割付墨を利用する。

イル面では、建築で出した割付墨を基本にコンセント等の位置を出し、中途半端な位置に器具がこないようにする。天井に取り付ける照明器具の墨出しは、軽量鉄骨の下地組みの後捨張りを行い、床から下げ振りで、割付心を移し、それから開口位置を割り出し、ボードを切り込んで下地を補強し、仕上張りを行う。仕上張りを切り込んだ後、器具を取り付ける。

(3) エレベータ工事の墨出し

エレベータ工事の墨出し作業は、シャフトの中で行うものもあり、危険を伴う作業となる。

しかし、この墨出し精度が運行状態に大きな影響を与えるので正確な墨が要求される。ここでは、エレベータ工事の墨出しの中で主なものについて記述する。

エレベータ心出し

昇降路の型枠を外し,清掃,必要な仕上げ,ピット内の防水工事を施工し,建築の基準墨から昇降路ならびに機械室の心出しを行うことになる。

エレベータの心出し作業は,エレベータ据付け工事の基本となるので,出入口心の決定は建築図および据付け図面とを検討のうえ決定する。出入口心決定のために必要な寸法を図3-64に示す。出入口心の決定後,型板下地角材取付け方法,型板の製作,前面型板の固定,塔内寸法のチェック,メインレールおよびカウンターレール用

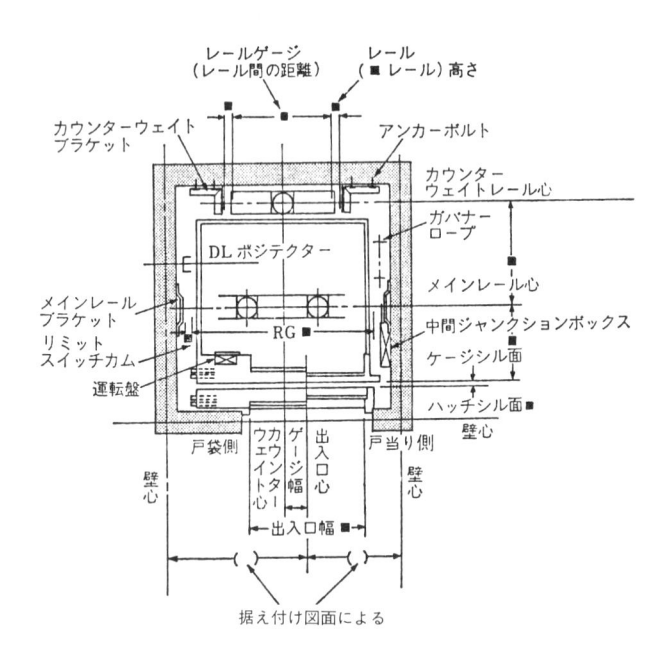

(注)■印を打合わせのうえ寸法を決定する

図3-64 出入口心の設定

型板の作製，メインレールおよびカウンターレールブラケット用ピアノ線張り等を行った後，機械室の墨を出す。上部型板よりケージ心，メインレール心を機械室へ移し，この墨を基に各機器の据付け用心墨を出す。なお，墨を打つときに壁に移しておくと検査のときに役立つ。

三方枠の心出し

図 3-65 三方枠の心出し

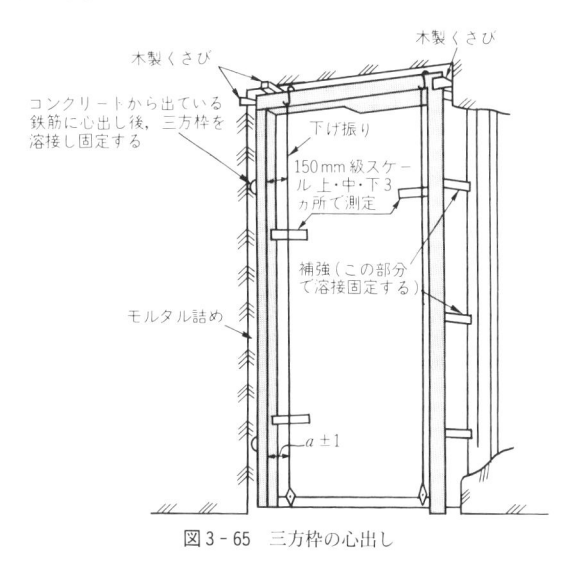

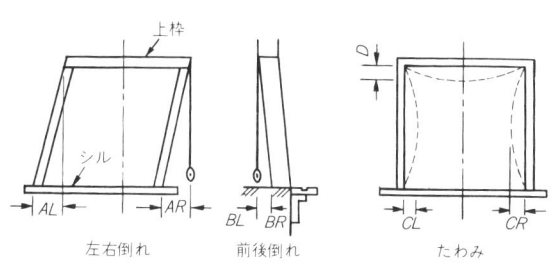

図 3-66 三方枠の建入れ精度

三方枠の取付けは三方枠とシルをボルトで縫い付けた後枠とコンクリートの間に，図3-65に示すように枠がたわまない程度に木製くさびを入れて固定する。次に下げ振りを下げ，図3-66に示すような前後左右の倒れおよびたわみを測定し，AR，AL，BR，BL，CR，CL，D の各測点の寸法が1mm以内となるよう心出しをす

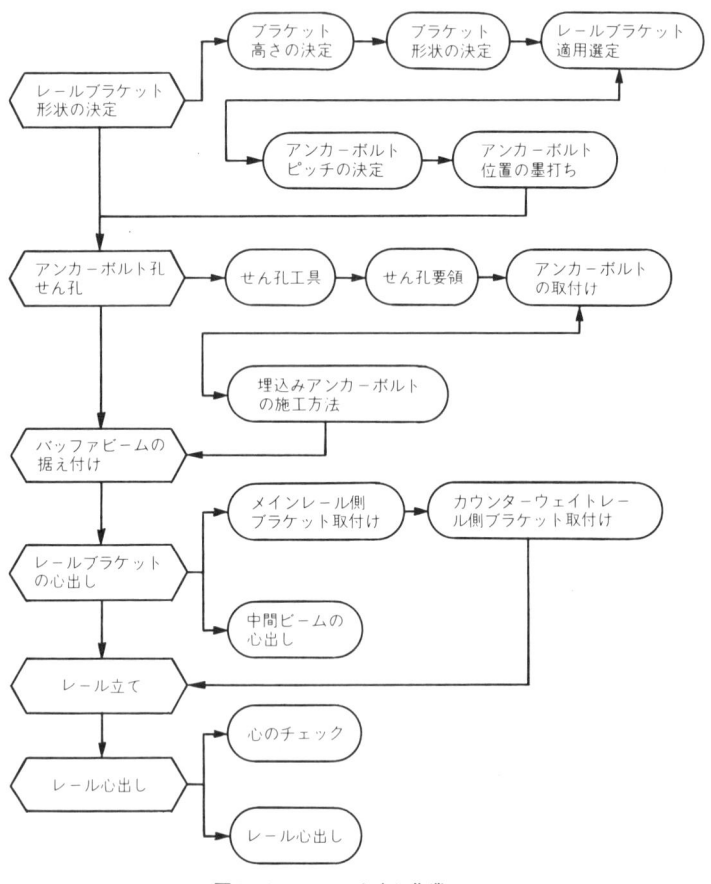

図3-67 レール心出し作業フロー

る。心出し後，鉄筋と三方枠を溶接固定し，コンクリートと枠の間にモルタルを詰め，まだ固まらないうちに心を検査する。

レール心出し

レール心出し作業は，図3-67に示される流れで行われる。レール心出しは，エレベータの乗心地を左右する重要な作業で，ブラケットの形状，レールとのクリアランス等のほか，取付け中の状態で軀

① メインレール側

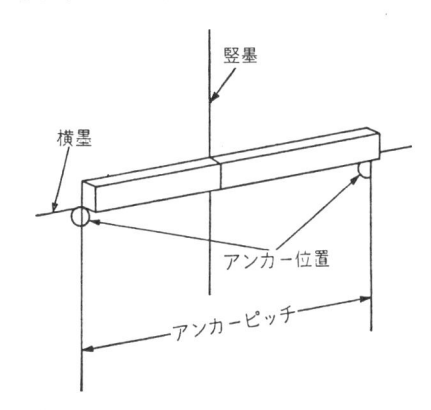

② カウンターウェイトレール側

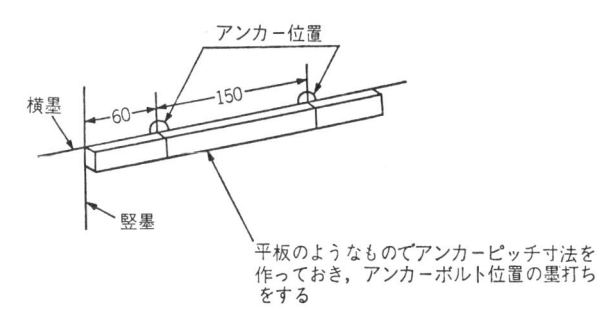

平板のようなものでアンカーピッチ寸法を作っておき，アンカーボルト位置の墨打ちをする

図3-68　レールアンカーボルト墨打ち

体との差が大きすぎると支障をきたすことになるので，昇降路寸法は定められた数値で正確に仕上げる。

レールを取り付けるブラケット固定のためのアンカーボルトのピッチは，ブラケット高さにより異なるので，使用ブラケットの選定と墨出しに注意する。墨打ち図の例を図3-68に示す。

(4) エスカレータ工事の墨出し

図3-69に示すエスカレータの工事に先立ち，受梁および中間梁の施工を行う。受梁にエスカレータ本体の荷重を支持させるので，床レベルとエスカレータのレベルが一致するよう所定寸法だけ梁を切り欠き，前もってアンカー金物を埋め込む。

エスカレータにおける墨出しは，表3-26に示すものがある。

表3-26 エスカレータ工事の墨出し

項　　目	説　　明
基　準　墨	据付け図に示された支持梁間隔寸法(A)を基準墨とする。軀体打設前に支持梁にアンカーボルトを打ち込むために型枠上に基準墨(A)を打ち，それに従ってアンカーボルトを鉄筋もしくは鉄骨に緊結し，コンクリートの流し込み作業中に位置がずれないように注意する。床仕上面との関連から軀体の切込み部分もあるので，梁強度を確認し，切込み寸法を決める。
乗降口および引込線その他の墨	基準墨に従って乗降口回りの墨出しを行う。下部トラスの点検をスムーズに行うためにマンホールを設ける必要があるので，基点よりの寸法は少なくとも2,100mm程度とる必要があり，図面をチェックしたうえで墨を打つ。 電源の引込み位置の墨出しについては床仕上面より-200〜+250mm程度が標準であるが，軀体の施工方法などによって打込みか天井内配管かを決める。基準墨からの寸法はメーカー・電動機の大きさなどによって異なるので据付け図をチェックしたうえで墨出しする。 中間梁用アンカーボルトは支持するサポートのトラスと梁用アンカーとの心ずれが起こらないよう施工する。

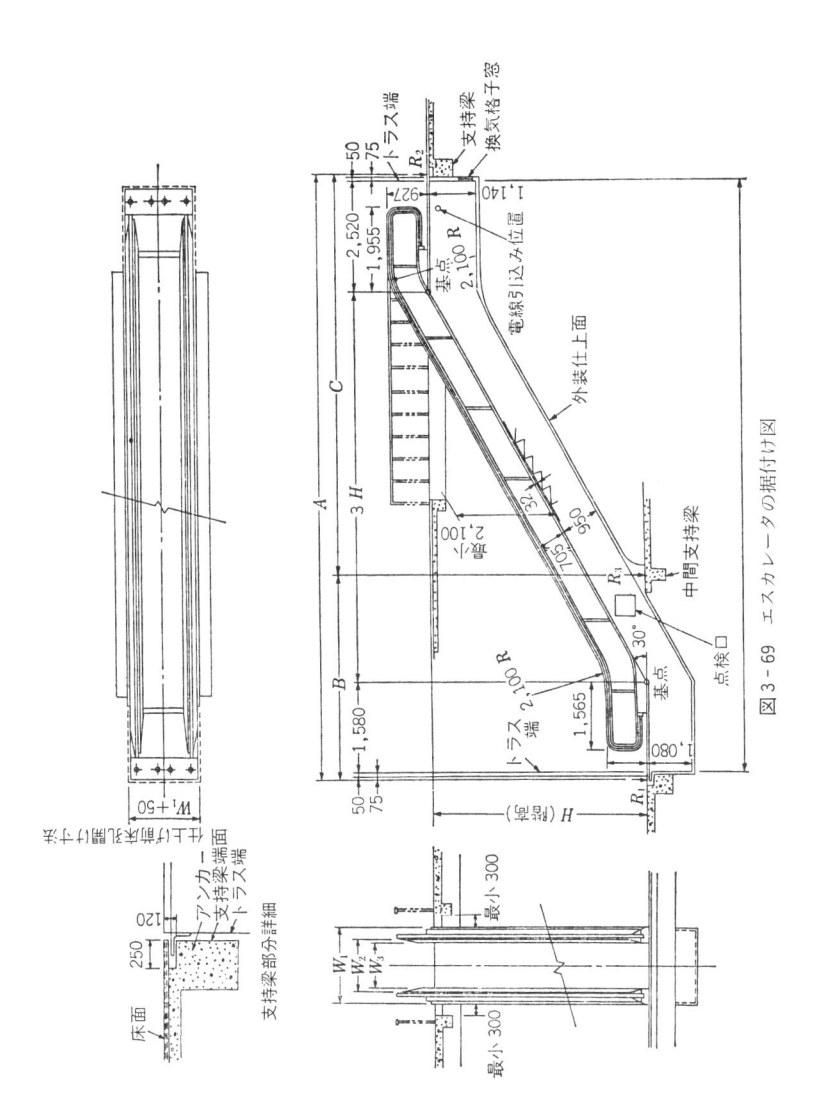

第3章 各工事の墨出し　161

図3-69　エスカレータの据付け図

著者略歴

内藤龍夫（ないとう　たつお）
1964年　千葉大学建築学科卒業
　　　　鹿島建設株式会社入社

これだけは知っておきたい
建築工事の墨出しの実務 ［改訂版］

2000年8月20日　発行 ©

　　　著　者　　内　藤　龍　夫
　　　発行者　　井　田　隆　章

発行所　107-8345 東京都港区赤坂六丁目5番13号　鹿島出版会
　　　　Tel 03 (5561) 2550　振替 00160-2-180883
無断転載を禁じます。

落丁・乱丁本はお取替えいたします。　創栄図書印刷・和田製本
ISBN4-306-01138-0　C3052　　　Printed in Japan

R〈日本複写権センター委託出版物〉本書の無断複写は著作権法上での例外を除き禁じられています。本書からの複写は日本複写権センター（03-3401-2382）の許諾を得てください。

〈これだけは知っておきたい〉シリーズ

建築見積りの実務
黒田隆 著
B6・256頁 ¥1,900

建築工事の失敗例と対策
熊井安義 編
B6・240頁 ¥1,800

建築実務の知識
熊井安義 著
B6・240頁 ¥1,800

建設現場で役立つ知恵
掛井連 著
B6・240頁 ¥1,800

建築仕上材料の知識
寺内伸・岩井孝次・中山實 著
B6・204頁 ¥1,800

現場所長の安全心得60カ条
笠原秀樹 著
B6・144頁 ¥1,500

住宅設備の知識
知久昭夫 著
B6・192頁 ¥2,000

設備工事の失敗例と対策
飯野香 編
B6・174頁 ¥1,300

住宅設備のトラブルと対策
針ヶ谷純吉・木村匡男・中橋保雄 著
B6・208頁 ¥1,800

住宅の設計と施工の知識
高田秀三 編著
B6・230頁 ¥1,800

住宅建材の選び方と使い方
高田秀三 編著
B6・236頁 ¥1,800

厨房設計の知識
平岡雅哉・堀田正治 著
B6・192頁 ¥2,000

健康住宅の知識
健康住宅推進協議会 編
B6・232頁 ¥2,400

〒107-8345　東京都港区赤坂六丁目5-13　☎03-5561-2551(営業部)

※表示価格には消費税は含まれておりません。

鹿島出版会のホームページ：http://www.kajima-publishing.co.jp/

〈これだけは知っておきたい〉シリーズ

建築家のためのガラスの知識 [改訂版]	宇野英隆・三浦武廣 著	B6・200頁 ¥2,500
建築用木材の知識	今里隆 著	B6・216頁 ¥1,800
建築用セラミックタイルの知識	柴辻政洋・山内史朗 著	B6・240頁 ¥1,800
建設用プラスチックスの知識	寺内伸・本村雅俊 著	B6・200頁 ¥1,900
建築家のための瓦の知識	坪井利弘 著	B6・216頁 ¥1,800
防水工事の知識	伊藤健二・岩井孝次 著	B6・240頁 ¥1,800
建築設備の知識	立田敏明・佐藤新治・浜元弘章 著	B6・280頁 ¥1,900
塗装工事の知識 [増補改訂2版]	高橋孝治 著	B6・230頁 ¥2,800
新・ビル風の知識	風工学研究所 編	B6・240頁 ¥2,400
建物の断熱と結露防止の知識	鹿島出版会 編	B6・200頁 ¥1,800
建築の省エネルギーの知識	成田勝彦 編著	B6・248頁 ¥1,900
コストプランニングの知識 [増補改訂2版]	高橋照男 著	B6・264頁 ¥2,800
木造住宅のコストプランニング [改訂版]	高橋照男 著	B6・248頁 ¥2,600

〒107-8345 東京都港区赤坂六丁目5-13　☎03-5561-2551(営業部)
※表示価格には消費税は含まれておりません。

鹿島出版会のホームページ：http://www.kajima-publishing.co.jp/